全国电力行业"十四五"规划

ELECTRICITY PRICE THEORY AND PRACTICE

电价理论与实务

主　编／刘　静
副主编／邱文严　任　晔
编　写／孙永生　王　雪
主　审／李　阳

内 容 提 要

本书以电力营销、电力交易岗位真实工作任务为案例，以电力市场化改革、最新市场化电力价格构成为内容，系统地介绍了电力价格理论与实务相关知识，包括电价基本理论、我国输配电价改革情况、省级电网输配电价及相关问题探索、世界典型国家的输配电价等。特别突出了电力价格改革促进新能源消纳和我国能源体系转型的作用和实现路径。书中还配备了电子版题库，读者可以用手机扫描二维码进行在线练习、测验。

本书主要作为职业院校电力、市场营销相关专业教材，也可作为电力行业从业人员的参考书。

图书在版编目（CIP）数据

电价理论与实务 / 刘静主编 . — 北京：中国电力出版社，2023.11
ISBN 978-7-5198-7581-7

Ⅰ.①电⋯ Ⅱ.①刘⋯ Ⅲ.①电价—理论研究 Ⅳ.① F407.61

中国国家版本馆 CIP 数据核字（2023）第 229950 号

出版发行：	中国电力出版社
地　　址：	北京市东城区北京站西街 19 号（邮政编码 100005）
网　　址：	http://www.cepp.sgcc.com.cn
责任编辑：	熊荣华
责任校对：	黄　蓓　朱丽芳
装帧设计：	王红柳
责任印制：	吴　迪

印　　刷：	北京盛通印刷股份有限公司
版　　次：	2023 年 11 月第一版
印　　次：	2023 年 11 月北京第一次印刷
开　　本：	787 毫米 ×1092 毫米　16 开本
印　　张：	9.5
字　　数：	200 千字
定　　价：	45.00 元

版权专有　侵权必究

本书如有印装质量问题，我社营销中心负责退换

前言

价格机制是市场机制的核心，市场决定价格是市场在资源配置中起决定性作用的关键。改革开放以来，作为经济体制改革的重要组成部分，价格改革持续推进、不断深化，放开绝大多数竞争性商品价格，对建立健全社会主义市场经济体制、促进经济社会持续健康发展发挥了重要作用。

电作为一种特殊的商品，由于其天然的垄断性，市场化价格的形成机制较为复杂。而电又与我们的生活密切相关，是经济发展的先行军，全社会对市场化电价的期盼尤为强烈。回顾历史，电价的形成机制承载着各方的利益诉求，影响着电力行业的发展格局，改革难度最大、争议最多。2015年10月15日发布的《中共中央 国务院关于推进价格机制改革的若干意见》，为电力价格改革划定了一个清晰的时间表。确定了"三放开、一独立、三强化"的改革基本路径以及"放开两头、管住中间"的体制框架。电力价格改革的目的是明确用户电价的构成及内涵，进一步理顺电价的形成机制和疏导机制，促进电力价值从单一的电能量价值细化为电能量价值、可靠性价值、灵活性价值等多维价值的综合体现。在新型电力系统构建过程中，新能源占比逐渐提高，同时伴随负荷的多元化，系统运行成本将显著增长。电力价格需要体现出这部分成本合理、公平的负担，进一步契合新型电力系统建设的客观规律和内在要求，促进新能源消纳和我国能源体系转型。

电力价格改革遵循的价格理论，改革的电价体系构成，以及交易环节的电力价格核算方法，是本书的重要内容。

本书共四章，系统地介绍了电力价格基本理论、电力价格改革的关键环节——输配电价形成机制、我国各省级电网电价特点、世界典型国家电价的形成机制。书中涵盖了电力市场化改革的最新要求及相关经验，能够对电力交易等相关领域的从业、研究人员有所帮助。本书由郑州电力高等专科学校教师联合国网河南省电力公司财务部专家共同编写完成。

本书为2021年国网河南省电力公司输配电价核定培训资源开发项目的项目成果。

本书由河南省电力公司李阳担任主审，他提出了许多宝贵意见，在此表示感谢！

限于编者水平，书中不足之处敬请各位专家、读者批评指正！

编者
2023年8月

本书题库资源

（包含选择题和判断题，其中选择题约 300 道，判断题约 800 道，供手机扫码练习）

目录

前言

第一章 电价基本理论 ... 1

第一节 电力的特性 ... 1
一、物理特性 ... 1
二、经济特性 ... 1
本节小结 ... 2

第二节 我国电价的基本情况 ... 2
一、电价体系 ... 2
二、电价结构 ... 4
三、政府定价原则 ... 7
四、电价改革重点 ... 7
本节小结 ... 9

第三节 管制定价理论与方法 ... 9
一、管制定价概述 ... 9
二、传统管制定价理论与方法 ... 10
三、现代激励性管制定价理论与方法 ... 15
四、成本规制的相关概念 ... 19
五、电网的成本规制 ... 22
六、电力产业的管制方式 ... 25
本节小结 ... 28

第二章 我国输配电价改革情况 ... 29

第一节 我国输配电价发展概况 ... 29
一、我国电价体系发展历程 ... 29
二、输配电价体系现状 ... 35
三、相关问题探析 ... 46
本节小结 ... 54

第二节 输配电价概述 ... 55
一、输配电价管制方法 ... 55

目 录

  二、输配电价体系 60
  三、输配电价形成机制 61
  四、输配电价调整机制 62
  五、输配电行业的技术经济特性 63
  本节小结 64
 第三节 输配电价的影响因素 65
  一、经济社会发展的影响 65
  二、电力技术特性的影响 70
  三、电力成本的影响 73
  四、其他因素的影响 80
  本节小结 81

第三章 省级电网输配电价及相关问题探索 82

 第一节 省级电网输配电价核定 82
  一、省级电网输配电成本构成 82
  二、省级电网输配电价定价原则 83
  三、准许收入的计算方法 83
  四、输配电价的计算方法 86
  本节小结 88
 第二节 分电压等级输配电价 88
  一、产品成本电压等级分类标准 88
  二、产品成本费用要素确定标准 89
  三、分电压等级成本核算方案 91
  本节小结 92
 第三节 专项服务定价 92
  一、接入与接出价 92
  二、专用工程输电价 93
  三、联网价 94
  本节小结 95

目录

第四节 两部制电价 ... 96
一、两部制电价的作用及设计的基本原则 ... 96
二、典型国家和地区实施两部制电价的经验 ... 100
本节小结 ... 108

第四章 世界典型国家的输配电价 ... 109

第一节 电网成本规制的国际经验 ... 109
一、从价格规制的需要出发制定行业规制成本会计制度 ... 109
二、电网成本分类以功能和用途为主要依据 ... 110
三、价格规制与投资规制密不可分 ... 113
四、持续跟踪监测和评估电网企业成本绩效 ... 113
五、周期性的价格重新核定以详细的成本评估为基础 ... 114
本节小结 ... 116

第二节 美国宾夕法尼亚、新泽西、马里兰州（PJM）输电定价 ... 116
一、基本情况 ... 116
二、NITS 定价 ... 118
三、PTPTS 定价 ... 120
四、输电费用结算 ... 122
本节小结 ... 122

第三节 英国输配电定价 ... 123
一、基本情况 ... 123
二、输电定价 ... 124
三、配电电价 ... 133
四、输配电费结算 ... 139
本节小结 ... 140

参考文献 ... 141

第一章

电价基本理论

第一节 电力的特性

一、物理特性

在物理学意义上,电是一种能量。其他的能量转变为电能,电能再转化为其他形式的能量。电是目前最方便的能量转化媒介。电与大部分能源的关系,类似货币与其他商品的关系(这是电价能成为宏观调控工具的前提)。

1. 系统性

电力是一个系统,电力商品是以系统整体形式出现的,即由发电、变电、输电、配电、用电等环节组成的电力生产、输送和消费系统。电力系统在物理上不可分割,电源的技术经济特性、电网的技术经济特性、电力用户的用电方式,相互影响,相互制约。

电网的功能主要是:建设运营,输送配送电力,统一集中调度,交易结算。

2. 同时性

电力商品目前还不能大规模储存,电力的生产、输送、使用瞬间完成,发电机的出力曲线与用户的负荷曲线必须平衡。既需要电力平衡,也需要电量平衡。为实现不同的电源、负荷匹配,在电网内需要集中统一调度,通过调度机构,调节不同发电机的出力和不同用户的负荷。

二、经济特性

在经济学意义上,电是一种商品。其供给、需求,价值、使用价值,都有一些与其他商品不同的特点。了解电力价格首先要研究电力作为商品的特性。

1. 差异巨大但难以直接体验

不同时间的电、不同电压等级的电,使用价格差异巨大,但电力用户难以直观感受,往往会把电假定为"同质商品"。实际上,电和电之间差别很大。上了电网以后,也分不清楚是谁发的电,送到了哪里。

2. 替代弹性小

电力是最方便利用的二次能源。随着经济的发展,电气化程度大幅提高,并且在不断深化，目前我们生产生活中大多数的电器产品已经没有替代品，电力已经成为基本的必需品。

3. 固定成本巨大，边际成本小

电网是公共网络，提供公共服务，没有明确的受益对象。电力企业把一个消费者连接到电网上，需要一次性承担一大笔成本，这些成本不受电力消费量的影响（用户、电源专项接入工程，高可靠性供电等行为除外）。

本节小结

在现代社会中，电力既是一种应用广泛的能源形态，也是一种商品。与一般商品相比，电力最大的特点在于其生产、传输、消费瞬时完成，且供给和需求保持实时平衡。同时，电力传输环节具有显著的自然垄断特性，电力行业需要对所有用户实施普遍服务，因此，电力这种商品也具有准公共产品特性。电价作为电力商品的价值表现，与一般的商品价格相比，除了需要体现商品价值的经济性要求之外，还具有很强的技术特征。因此，电价的制定和管理比一般商品更复杂。

第二节 我国电价的基本情况

一、电价体系

电价是指电力商品所对应的价格的总称。按照电力从生产到消费的各个环节，完整的电价体系包括上网电价、输配电价和销售电价。

1. 上网电价

一般而言，上网电价是发电企业与购电方进行上网电能结算的价格。在售电侧未放开的环境下，上网电价是指电网企业向发电商购买电能的价格，通常是政府定价，其本质是反映了电能的生产成本；而在售电市场开放的电力市场环境中，通过市场化交易形成的价格也称为市场交易价或市场出清价，其本质是反映电能的市场供求关系。

上网电价的形成方法通常有三种，包括个别成本定价法、标准成本定价法和竞争形成法。

（1）个别成本定价法：其本质是"准许成本＋合理收益"模式。即在核定每个电厂或机组的成本、费用、税金的基础上，加上一定的回报率来制定电价。通常所说的

"一厂一价、一机一价"即采用这种定价方法。

（2）标准成本定价法：其内涵是将电力生产企业划分成若干类型，参照各类型发电机组的社会平均成本，制定各类标准成本，并以此为基础，确定各类电力生产企业的上网电价，通常称为标杆上网电价（或基准上网电价）。

（3）竞争形成法：又称市场定价法。一种情况是指在发电项目投资建设前通过公开招标等市场竞争方式确定投资主体以及机组的上网电价。目前我国部分地区风电、光伏等新能源机组采用该方式确定上网电价。另一种情况是指在项目建成投运后通过电能量市场由市场竞争形成的电价，也称市场交易价或出清价。

2. 输配电价

输配电价是指电网企业提供接入、输电和配电服务的价格总称，反映电能的传输成本。其中，接入服务是指为电力用户或电源接入电网提供的服务；输电服务是指以高电压等级的输电网将电力进行较远距离输送的过程，主要承担输送电能的任务；配电服务是指从输电网或地区发电厂接受电能后，通过配电设施按电压等级逐级分配给各类用户的过程，主要承担分配电能的任务。

输电价格体现的是输电服务的价值，配电价格体现的是配电服务的价值。对于接入服务而言，有的国家在输配电价中单独收取接网费，有的国家未单独核算接网服务的成本，而是直接纳入输配电价中。还有部分国家和地区将为保证电网安全可靠运行的辅助服务成本，如调峰、调频、备用、黑启动等也纳入输配电价中。

3. 销售电价

销售电价是指电网企业或售电公司向终端用户销售电能的价格。它与一般商品的零售价格内涵接近，是该商品生产、流通和消费过程中所有发生的费用在终端用户间分摊的结果。从用户的角度看，电力用户分为市场用户和非市场用户。市场用户的销售电价包括购电价格和输配电价，购电价格通过市场竞争形成；非市场用户销售电价由政府部门核定。

对于非市场用户而言，世界各国在销售电价中普遍采用分类电价，但是不同国家的分类标准和形式不同。常用的分类形式有以下几种：

（1）按用户属性分类。这种分类法主要基于用户的行业属性，有利于协调各行业的利益分配关系。

（2）按供电电压等级分类。这种分类法考虑处于不同供电电压等级的电力用户所用的供电设备不同，供电成本也不相同。

（3）按照用电设备的容量和用电量分类。这种分类方法区分大用户和一般用户，对大用户采用较科学、精细的电价类别；对一般用户则采用简便易行的电价类别。

（4）按照负荷特性分类。这种分类法考虑不同负荷特性的用户对电网的使用程度存在差异，因此对不同负荷率的用户采用不同电价以更合理地分摊电力成本。

（5）按照电能用途分类。例如抢险救灾、临时用电、贫困地区用电等。

（6）按照用能时段分类。这种分类方法考虑不同时间下供需情况变化导致的供电成本变化，从而实行不同的电价水平，如峰谷电价（用电高峰/低谷时期）、丰枯电价（丰水期/枯水期）等。

通常，各国并不会单独采取其中某一种分类方法，而是组合使用。如英国销售电价按计量方式分为实时用户电价和非实时用户电价两大类；按电压等级分为低压用户电价和高压用户电价；按用电特性，根据负荷曲线不同分为四类用户电价。目前，我国销售电价整体按照用户属性和电压等级进行分类，同时也存在按用能时段和负荷特性等分类的情况。

在不同的电力体制下，电价体系也不同。

（1）垂直一体化。在这种模式下，发电、输电、配电和售电环节的成本均属于电力企业的内部成本，并未单独以价格形式进行反映，电价体系中只有销售电价一种形式，往往采取政府定价的方式。

（2）厂网分开，统购统销。在这种模式下，发电环节独立出来，形成上网电价；输电、配电和售电三个环节的业务仍然由电网企业统一提供，这三个环节的服务成本不独立核算，属于电网企业的内部成本，由电网企业按销售电价一并向用户收取。电价体系中包括上网电价和销售电价两种形式。

（3）厂网分开、配售分离。在这种模式下，发电和售电环节均独立出来，电网企业同时提供输电和配电服务并单独核算输配电价。电价体系中包括上网电价、输配电价和销售电价，也可分别制定输电价格和配电价格。

（4）厂网分开、输配分离。在这种模式下，发电、输电、配电、售电环节全部分开，每个环节的成本均独立核算，电价体系包括上网价格、输电价格、配电价格和销售电价。

二、电价结构

1. 电价构成

电价中通常包含电力产品或服务的成本、收益、税金、电费附加。

（1）产品或服务成本。指电力产业链各环节提供产品或服务的成本。通常上网电价的成本包括燃料费用、资产折旧费、材料费、人工费、财务费等；输配电价的成本包括资产折旧费、材料费、修理费、人工费、财务费等；销售电价的成本包括发电成本、输配电成本和营销服务的成本。

（2）收益。指电力企业在电力产业链各环节提供产品和服务时获得的合理利润。电力企业能够获得的收益水平与各个国家采取的管制方法、市场利率水平等因素有关。

（3）税金。各个国家根据自身税法制度所设置的与电价相关的税种。例如，美国通过电价征收的税包括消费税、州税等，并以价外税的方式体现在电费账单中；我国电价中的税金主要指增值税，通常以价内税的方式包含在电价中。

（4）电费附加。电费附加通常指从电价中征收的政府性基金及附加资金，用于某些服务项目或行业发展的成本补偿。例如，美国加州在电价中设置了电力普遍服务基金附加，用于补偿电力普遍服务成本；我国目前随电价征收的政府性基金及附加包括国家重大水利工程建设基金、水库移民后期扶持基金、农网还贷资金、可再生能源电价附加、城市公用事业附加（2017年4月1日起取消）。其中，设立国家重大水利工程建设基金的用途是支持南水北调工程建设、解决三峡工程后续问题以及加强中西部地区重大水利工程建设；农网还贷资金设立主要用于解决农网改造还贷问题；水库移民后期扶持基金用于改善水库移民的生产生活条件；设立可再生能源电价附加的用途是补偿可再生能源发电成本。

2. 计价形式

按照计费方式，通常可分为三类。一是固定电价，又称为接入电价，即按照固定的费率对用户收取电费，且费率与用户的电能消耗情况无关；二是按电量计价，即电度电价，按照用电设备的消耗电量计收电费；三是按容量计价，即基本电价，按照用电设备的容量计收电费。

在三种计费方式的基础上，主要形成了三种基本电价结构：一部制电价、两部制电价和多部制电价。其中：一部制电价是指用户计费按照单一电量或单一容量的计费方式计价。两部制电价是指用户同时按照容量电价和电量电价的计费方式计费。多部制电价是指用户计费按照容量电价、电量电价和固定电价等多种方式计费，一般在配电价格中应用。采用多部制电价的优势在于能够按照成本的用途明确相应回收渠道。固定价格一般反映系统接入/接出的相关成本；容量电价反映电网设备的投资成本；

电量电费反映系统运行的可变成本,如运维费用等。

通常,在讨论电价结构时,一般是指一部制、两部制或多部制电价的相关问题。

3. 上网电价结构

上网电价结构通常有一部制电价和两部制电价两种。一部制电价一般是单一电量电价,两部制电价一般是电量电价和容量电价的组合。美国宾夕法尼亚、新泽西、马里兰州(Pennsylvania-New Jersey-Maryland, PJM)以及英国、澳大利亚等地区上网价格采用两部制电价,其电量电价通过电能量交易市场形成,如中长期市场、现货市场;容量电价通过发电容量市场形成。而德州、加州等地区上网电价采用单一电量电价,其电量电价通过电能量交易市场形成,电能量市场采取稀缺价格机制,即允许在市场供需紧张时出现高价格(稀缺价格机制:允许发电容量稀缺情况下的电能量价格远高于机组的可变运行成本,即稀缺价格,机组可以从中回收部分固定成本),以帮助发电企业回收容量成本。

当前,我国上网电价制度中,大部分机组都执行一部制电价,少部分执行两部制电价。例如,当前我国江沪浙豫地区天然气发电所执行的上网电价即为两部制电价。

4. 输配电价结构

输配电价通常有一部制、两部制或多部制等多种电价结构。英国、美国、澳大利亚等国家的输电价格为单一容量电价,通过将电网企业的输配电准许收入按照系统峰荷或用户峰荷分摊计算得到。挪威等国家输电价格实行两部制电价,容量电价按系统峰荷时段的平均负荷功率计量,反映系统的固定成本;电量电价按实际用电量或发电量计量,反映系统的可变成本。英国配电价格采用多部制电价,包括容量价、电量价和固定价等。

目前,我国一般工商业及其他用户输配电价执行单一电量电价,大工业用户输配电价实行两部制电价。其中,大工业用户的容量电价有按变压器容量和按最大需量两种计量方式。

5. 销售电价结构

销售电价也包括一部制、两部制和多部制等多种电价结构。销售电价中的一部制电价一般是单一电量电价,两部制电价和多部制电价一般是固定电价、电量电价或容量电价之间的组合。目前,我国居民生活、农业生产用电实行单一电量价;大工业用户、工商业及其他用户中受电变压器容量在100kVA 或用电设备装接容量在100kW 及以上的用户实行两部制电价。电价目录中的基本电价即容量电价,按变压器容量或最大需量计费。英国销售电价采用的是由固定电价、电量电价和容量电价组成的多部制电价结构，并且不同用户类型电价结构不同。

三、政府定价原则

由于电力的普遍使用，电价成为调节经济运行的重要工具，反映了宏观政策、经济政策、社会政策和产业政策的导向。政府在制定电价时主要基于以下三方面的考虑。

1. 基于成本定价

基于成本定价，即根据不同用户的供电成本确定该类用户的电价。主要是分用户类别、分电压等级、分时段等形式定价。这里所说的成本除会计成本外，还包括机会成本，即用户对系统资源占用的成本。

2. 基于用户承受能力定价

基于用户承受能力定价，例如居民和农业电价。供电价格与成本之差，通过提高其他用户的电价来补贴。

3. 基于产业政策和社会政策定价

基于产业政策和社会政策定价，例如差别化电价是基于产业政策和能耗水平的定价，而对学校、福利场所等实行较低水平的价格是基于社会政策的定价。

四、电价改革重点

2020年9月22日，在第七十五届联合国大会一般性辩论上，国家主席习近平向全世界郑重宣布，中国"二氧化碳排放力争于2030年前达到峰值，努力争取2060年前实现碳中和。"

2021年5月25日，国家发展改革委出台了《关于"十四五"时期深化价格机制改革行动方案的通知》（发改价格〔2021〕689号）（以下简称《行动方案》）。

《行动方案》提出，"十四五"时期深化价格机制改革，要以习近平新时代中国特色社会主义思想为指导，重点围绕助力"碳达峰、碳中和"目标实现，促进资源节约和环境保护。到2025年，竞争性领域和环节价格主要由市场决定，网络型自然垄断环节科学定价机制全面确立，能源资源价格形成机制进一步完善。

《行动方案》明确，重点从强化价格调控，推进能源、水资源和公共服务价格改革等方面进行部署。针对能源明确要求：深入推进能源价格改革。继续推进输配电价改革，持续深化上网电价市场化改革，完善风电、光伏发电、抽水蓄能价格形成机制，建立新型储能价格机制；针对高耗能、高排放行业，完善差别电价、阶梯电价等绿色电价政策。

根据统计，中国碳排放已经达到约100亿吨/年，当前碳排放量位列全球第一，占全球总排放量的1/4以上。碳中和意味着碳排放和碳汇相等，根据估计，要实现碳中和，要求最终碳排放量低至15亿吨左右。因此未来碳排放量需要比目前大量减少才能实现碳中和，这将是未来我国在国际社会责任领域最大的挑战之一。同时，经济增长与社会发展需要能源支撑，能源消费促进经济社会发展的同时带来的副作用之一就是将导致碳排放增加。目前我国一次能源中化石能源占85%。在碳中和目标约束下，碳减排就是要不断优化能耗结构，以低排放能源替代高排放能源。在电力行业中，基于技术进步，光伏、风电、水电等新能源替代煤电，提高新能源的渗透率，将是实现我国碳中和目标的关键路径。

可以看到，在碳中和政策下，能源的清洁技术进步偏向为我国的电价改革以及激励型输配电价设计提供了更为广阔的空间。

首先，碳中和政策及其引致的能源清洁技术进步偏向推动了清洁能源的价格下降，为电价与输配电价改革提供了空间。具体而言，碳中和政策会从两个方面推动清洁能源价格的下降。一方面，碳中和政策增加了传统的化石能源的发电成本，在更紧密的碳排放目标约束下，必然推高化石能源电力价格，使得清洁能源价格在即使不下降的情况下也很具有竞争优势。另一方面，碳中和政策会引致能源技术进步更偏向于清洁能源技术，从而推动清洁技术的更快发展，由此带来清洁能源成本的进一步下降，推动清洁能源价格下降，从而增大清洁能源的价格竞争优势。2020年10月生态环境部、国家发展改革委、人民银行、银保监会、中国证监会等五部门发布的《关于促进应对气候变化投融资的指导意见》，也为能源行业的清洁技术进步偏向提供了资金保障，并激励清洁技术创新与发展。由此，为实现上述两方面的政策效果，国家可以考虑将当前对清洁能源（如风能、太阳能）的不可持续补贴前移至前段清洁能源的研发投入，以实现激励相容的输配电价核算。

其次，全国统一碳市场与碳中和目标为电力总量中的高比例可再生能源提供了政策支持。我们需要改变目前以化石能源燃烧为主的发电结构，提升光伏、风能、生物质能等清洁能源发电的占比。一些模型和情景研究表明，2050年左右中国非化石能源比重在一次能源消费中的比重将达到80%左右。在技术进步与清洁能源发电成本下降的基础上，用户的平均用电成本有望继续下降，也为扭转随着中国居民用电比例逐步提高而引致的电力交叉补贴居高不下、难以为继提供解决方案。并且只有当发电侧与用户侧之间的价格空间足够大，设计各方接受、合理有效、激励相容的输配电价体系才会成为可能。

当然，在电力行业高比例可再生能源系统构建过程中，必须充分考虑我国电力建设实际情况与电力技术经济特征。当前我国的可再生能源消纳还存在电网配套建设不足严重影响送出能力、可再生能源出力波动性较大、各利益博弈方矛盾影响可再生能源消纳等诸多需要逐步解决的问题和矛盾。但在全国统一碳市场与碳中和目标的指引下，构建高比例可再生能源系统是一个明确的方向。

本节小结

电价是电力商品价值的集中表现。按照电力从生产到消费的各个环节，完整的电价体系包括上网电价、输电价格、配电价格和销售电价。但在不同的电力体制下，电价体系的表现形式不同。在市场方式下，上网电价和销售电价主要由市场竞争形成；输配电环节具有自然垄断属性，难以通过市场竞争形成价格，一般需要通过管制定价的方法进行确定。

为了保障电力系统的安全可靠运行，电力生产不仅提供电量，还要提供额外的备用容量，包括发电容量备用和输配电容量备用等。因此电价不仅要能补偿电量成本，还要能够补偿容量成本。按照计费方式的不同，电价一般包括固定电价、电量电价和容量电价三种；价格形式包括一部制、二部制和多部制电价。上网电价通常有一部制电价和两部制电价两种；输配电价和销售电价结构一般有一部制、两部制和多部制三种。

第三节 管制定价理论与方法

一、管制定价概述

管制定价就是对价格进行管制。管制价格是政府对市场上的商品或服务进行价格管制所形成的有行政约束力的价格水平。一般而言，价格因市场的供求关系而自动调节。当市场的这种价格自动调节机制遭到破坏，商品或服务的市场价格严重偏离其价值，而损害到消费者的利益和经济体的整体利益，影响到公平和效率时，政府采取行政措施直接管制价格水平。

价格管制是指政府对处于自然垄断地位的企业商品的价格实行管制，以防止他们为牟取暴利而危害公共利益。电力工业过去一直被认为是自然垄断行业，为实现规模经济，垄断就理所应当了。但垄断往往会损害消费者利益，且产生社会福利损失，所以电力工业一直是政府干预的重点对象。政府主管部门将限制企业制定垄断价格作为根本目标，依照资源的有效配置以及保证服务的公平供给观念，对市场价格水平和整个价格体系进行一定的管理限制。

随着需求的变化及技术的发展，电力工业原本具有自然垄断性质的发电环节和售电环节逐渐丧失了规模经济的优势，成为可竞争市场的一部分，世界各国的电力市场化改革也大都是从这两个领域入手的。然而，具有桥梁作用的输配电环节依然具有很强的自然垄断属性，需要维持垄断经营。因此，从整体上来说，管制定价更适用于目前电力工业的输配电环节。但是，由于电力工业的特殊性质，即使在发电侧和售电侧引入了有效的竞争，政府依然要对其实行间接管制。一方面，政府要严格遵循电力市场的交易规则和电价管制的相关规定，维护竞争报价的公正平等，保证报价过程的合法性，有力遏制幕后交易行为，避免买方和卖方对市场进行垄断，对所提交的输电、配电价格进行系统详细的审批，维护消费者的合法权益不受侵犯。另一方面，还要对电价进行长期的监督，通过定期检查等形式，对电价进行整体管控。也就是说，政府对逐步放开的发电和售电环节还需要进行价格核准与指导，以及对相关操作进行监督。目前，学术界及政府在实际操作过程中关于管制定价的理论一般可以划分为传统管制定价理论和现代激励性管制理论两大类。

二、传统管制定价理论与方法

传统管制定价理论与方法主要有边际成本定价、平均成本定价以及投资回报率管制三种，它们均是以成本为基础进行管制的，故也称传统成本管制理论。

1. 边际成本定价

（1）什么是边际成本？

边际成本是指厂商每增加一单位产量所增加的成本，也就是

$$MC = \Delta TC / \Delta Q \tag{1-1}$$

在经济学中，边际成本（marginal cost，MC）指的是每一单位新增生产的产品（或者购买的产品）带来的总成本（total cost，TC）的增量。

这个概念表明每一单位的产品的成本与总产品量有关。比如，仅生产一辆汽车的成本是巨大的，而生产第 101 辆汽车的成本就低得多，而生产第 10000 辆汽车的成本就更低了（规模经济）。

但是，考虑到机会成本，随着生产量的增加，边际成本可能会增加。还是这个例子，生产新的一辆汽车时，所用的材料可能有更好的用处，所以要尽量用最少的材料生产出最多的车，这样才能提高边际收益。

边际成本和单位平均成本不一样，单位平均成本考虑了全部的产品，而边际成本忽略了最后一个产品之前的。例如，每辆汽车的平均成本包括生产第一辆车的很大的固定成本（在每辆车上进行分配），而边际成本根本不考虑固定成本。

在数学上，边际成本用总成本和数量（quantity，Q）的偏导数来表示。

边际成本定价是销售商品时适用的经营战略。其思想就是边际成本是商品可以销售的最低价，这样才能使企业在经济困难时期维持下去。因为固定成本几乎沉没，理论上边际成本可以使企业无损失地继续运转。

（2）边际成本的变动规律。

一般来说，边际成本的变动规律是：最初在产量开始增加时由于各种生产要素的效率未得到充分发挥，因此，产量很小。随着生产的进行，生产要素利用率增大，产量的增长速度大于成本的增长速度，所以边际成本随产量的增加而递减。当产量增加到一定程度时，由于边际收益递减规律的作用，边际成本又随产量的增加而增加。如果不考虑最初的短暂情况，它的变动规律主要表现就是：边际成本先是随产量增加而减少，当产量增加到一定程度时，就随产量增加而增加，因此，边际成本曲线也是一条先下降而后上升的 U 形曲线。

边际成本（MC）、平均成本（AC）、AVC 曲线关系如图 1-1 所示。

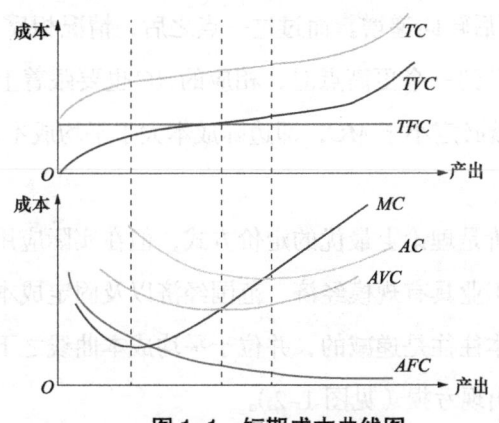

图 1-1 短期成本曲线图

① MC、AC、AVC 三条曲线是 U 形且 MC 交 AC 于最低点；MC 交 AVC 于最低点。

② AFC 是反函数，始终处于下降趋势一、短期成本曲线之间的关系。

1) 总成本与边际成本：

由图 1-1 可知，TC 曲线上任一点切线的斜率是 MC，$MC > 0$、$MC = 0$、$MC < 0$，TC 分别表现递减、最小值、递增。

2) 总成本与平均成本：

由图 1-1 可知，TC 曲线上任一点和原点的连线的斜率是 AC，当 AC 达到其最大时，TC 和原点的连线正好也是 TC 的切线。

3) 平均成本与边际成本：

$MC > AC$ 时，AC 递减；$MC < AC$ 时，AC 递增；$MC = AC$，AP 取得最小值。

(3) 边际成本和平均成本的关系。

MC 曲线和 AC 曲线都是 U 形的，产生这种形状的原因是由于投入要素的边际成本的递减或递增，但这两种成本的经济含义和几何含义不同。MC 曲线反映的是 TC 曲线上的各点切线的斜率，而 AC 曲线则是 TC 曲线上各点与原点连线的斜率。所以 MC 曲线比 AC 曲线更早到达最低点。MC 曲线与 AC 曲线相交于 AC 曲线的最低点上。在这一点，$MC = AC$，就是边际成本等于平均成本。在这一点之左，AC 在 MC 之上，AC 一直递减，$AC > MC$，就是边际成本小于平均成本。在这一点之右，AC 在 MC 之下，AC 一直递增，$AC < MC$，即边际成本大于平均成本。AC 是随 MC 的变动而变动的，当 MC 下降到一个更低点时，相应的 AC 也要跟着下降，但它同前面较高水平计算平均值，因此就必定大于 MC，以致当 MC 到达最低点以后转而递增，在其未达到平均值时，AC 仍在 MC 之上，并且 AC 仍继续递减，直到与递增的 MC 相交，AC 才到达最低点，而后转向递增。而过这一点之后，情况相反，AC 还是随 MC 的变动而变动的，当 MC 上升到一个更高点时，相应的 AC 也要跟着上升，但它同前面较低水平计算平均，因此就必定小于 MC，即边际成本大于平均成本。

2. 平均成本定价

尽管边际成本定价是理论上最优的定价方式，但在实际应用中，边际成本定价受到了普遍质疑。电力工业具有规模经济、范围经济以及固定成本投入大等特性，这使得电力企业的边际成本往往是递减的，并位于平均成本曲线之下，这样按照边际成本定价就会使电力企业出现亏损（见图 1-2）。

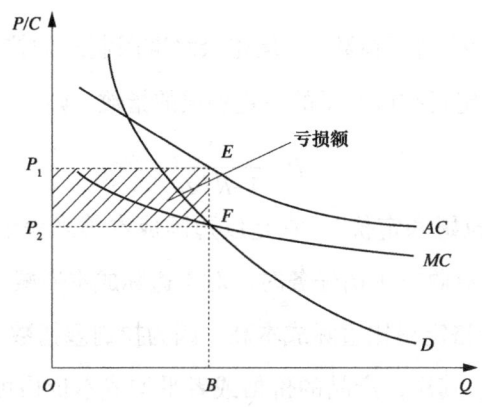

图 1-2　边际成本定价与企业亏损

AC—平均成本曲线；MC—边际成本曲线；D—需求曲线

为避免边际成本定价给电力企业造成的亏损，电力企业不得不按平均成本定价。从图 1-2 来看，最优价格应为 P_2。因为对于低于 P_2 的任何价格，企业的成本都无法得到弥补；而如果价格高于 P_2，社会福利又没有最大化。平均成本可按以下公式计算

$$AC(Q) = \frac{TC(Q)}{Q} \tag{1-2}$$

式中：$AC(Q)$ 为平均成本；$TC(Q)$ 为总成本；Q 为总产量。

按边际成本定出的价格过于重视成本因素，对需求因素则漠不关心。随着电力需求侧管理的提出与发展，平均成本定价应该从对成本的重视转向对需求的关心，于是拉姆塞定价在电力工业得到了应用与发展。拉姆塞定价倡导在企业收支平衡的前提下实现社会福利最大化。它是平均成本定价的一种转型，并且很好地考虑了需求因素，是一种能使预算保持平衡且可以增加社会福利的定价方法。

假设企业只生产一种产品，也只面对一个用户群。企业的需求函数为 $Q=f(P)$，其逆需求函数为 $P=P(Q)$，成本函数为 $C=C(Q)$，且成本函数显示规模经济的特征或固定成本比较大。盈亏平衡的预算约束要求 $P(Q) \cdot Q = C(Q)$，社会福利函数可以表述为

$$W = \int_O^Q P(Q)dQ - C(Q) \tag{1-3}$$

对上式构造出单一产品在平衡预算约束下的社会福利最大化问题的拉格朗日函数式，并求关于 Q 的一阶导数，再令边际成本 $C(Q)=c$，引入需求的价格弹性，$e = \frac{dQ}{dP} \cdot \frac{P}{Q}$，可得

$$\frac{P-C}{P} = \frac{\lambda}{1+\lambda} \cdot \frac{1}{e} \tag{1-4}$$

令 $R = \dfrac{\lambda}{1+\lambda}$，$R$ 称为拉姆塞指数（λ 是盈余水准限制式的拉格朗日乘数），指的是对边际成本定价打的一定折扣或给予的一定加成的指数，则

$$P = \dfrac{C}{1 - R/e} \tag{1-5}$$

式（1-5）就是"拉姆塞定价"。它是以边际成本等来表示的平均成本价格的另外一种表达。当企业负有收支平衡任务时，对于边际成本递减或者固定成本很大的行业，就有必要把产品价格定得比边际成本高。因为拉姆塞指数 $R>0$，且需求价格弹性 $e>0$，所以 $P>c$。其次，产品的价格或者平均成本价格可以通过对边际成本打一定的折扣或给予一定的加成指数得到。折扣或加成的比例与拉姆塞指数和产品的需求价格弹性有关，需求价格弹性越大，折扣与加成的比例就越低。也就是说，价格对边际成本的相对偏离程度与需求价格弹性成反比，需求价格弹性越大，价格越接近边际成本；需求价格弹性越小，价格偏离边际成本的程度就越大。

按照拉姆塞定价方式，可得出类似于成本加成的结果。如图1-3所示，此时生产者的保证利润加在成本上，使得成本曲线上移，而成为含有合理利润的成本曲线（AC 与 MC），至于价格，则为 P_d 点。此时 P_d 必定介于 P_a（最大利润定价）与 P_c（边际成本定价）之间，而且可能高于或低于 P_b（平均成本定价）的水平。

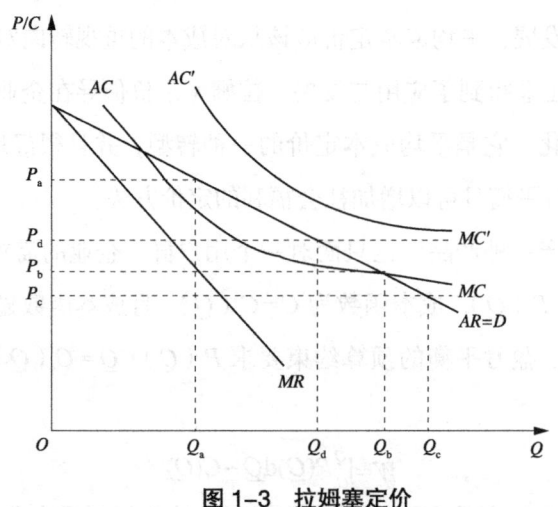

图1-3　拉姆塞定价

3. 投资回报率管制

为保证扩大再生产的需要，政府在核实平均成本的基础上一般按照一定比例允许电力企业获得一定的利润，因此，平均成本定价在实际应用中一般表现为回报率定价。对垄断行业进行价格管制的传统做法是采用成本加成的定价制度，使受管制的企

业能够补偿其运营成本并得到公平合理的回报率，即投资回报率管制。它被广泛地应用于美国公用事业的管制。中国实行的个别成本加成定价模式也属投资回报率管制的范畴。其模型可以表述为

$$R(P,Q) = C + rk \tag{1-6}$$

式中：$R(P,Q)$ 为企业的毛收入，取决于商品价格 P 和商品销量 Q；C 为运营成本；k 为投资成本，即电力企业的投资回报率基数；r 为投资回报率。

投资回报率管制的关键问题在于回报率到底如何确定，然而这并没有统一的标准。在现实中，由于行业性质、决策时间以及评价者等的不同，确定投资回报率的具体操作过程会有不同，但管制过程的机理大体上是相同的。首先是评价企业的成本，消除不必要的成本；其次是保证回报率对特定的企业来说是公正的；最后是设定价格以使收入能够超过成本，并且赚得一个公正的回报率。

三、现代激励性管制定价理论与方法

激励性管制是在放松管制的改革过程中逐渐形成的新兴理论。激励性管制的方法有很多，这里主要介绍价格上限管制、收入上限管制以及标尺竞争管制三种方法，其中价格上限管制和收入上限管制为目前输配电价管制使用较多的方式。

1. 价格上限管制

平均成本定价体现的成本加成方法使价格无法反映真实的供需状况，无法达到电力资源的配置效率和技术效率。高峰时段会低估供电的边际成本，使高峰负荷偏高，造成电力系统增加许多额外的备用容量。目前，许多国家有用价格上限法取代平均成本定价法的趋势。

价格上限比较常见的主要是"RPI-X"的管制相关方式，其中 RPI 为零售价格指数（retail price index，RPI），用来代表通货膨胀；X 为效率因子（X-factor），是企业生产效率提高的百分数，代表预期的技术进步率。价格上限管制是由英国伯明翰大学教授斯蒂芬·李特查尔德（Stephen Little-child）于 1983 年提出的，被认为是管制上的一种创新，被广泛应用于许多国家公用事业的管制实践中，并以英国运行得最为成功。其用公式表示为

$$(P_t - P_{t-1})/P_{t-1} \leqslant RPI - X \tag{1-7}$$

式中：P_t 为本期的实际价格；P_{t-1} 为上一期的价格；$RPI-X$ 为价格上限指数，它和企业支出的实际成本变化无关。

左边部分表示价格上涨的速率,右边则为整个管制规定范围之内的价格,表示价格上涨的上限程度。于是,本期的相关价格就可以表述为

$$P_t = P_{t-1}(1 + RPI - X) \tag{1-8}$$

显而易见的是,价格的上限其实主要是由零售的物价指数状况,以及之前已经制定好的生产效率的增长率状况来确定的。这种类型的管制制度,能够容许企业跟随社会经济的通货膨胀相关水平变化,进行价格水平的变化,也就是说可以很好地对社会经济的通货膨胀状况进行适应。X 除了代表生产效率提高率外,当中其实还涵盖了企业生产的实际成本降低的相关方面因素,通过效率因素对企业的成本减少状况进行相当有效的激励,从而达到高效的目的。但凡企业能够使得自身的效率水平大于 X,就能够得到相对应的相关方面的确切收益。如果企业产品的实际价格的上涨幅度小于 $RPI-X$ 的值,当它的值是正数的时候,就可以继续对现有价格进行提升;值为负数时,就需要下调相关价格。所以这样的方式方法具体进行严格管制的,并非企业的盈利,而是具体的价格水平,反而能够通过这样的方式,进一步提高扩大企业的生产效率和相关方面的创新能力。无论是哪种价格状况,利润终究是取决于成本的高低。因为在管制的过程中,仅仅对于具体的价格指数进行严格衡量,而不过多地考虑企业的总体的资产基础总额和公正报酬率的多少,既不用立足企业整体对竞争部分和垄断部分之间进行均衡成本的详细分配,也不需要对于企业未来的生产成本大小与市场需求的具体变化程度进行预测,所以整体管制的成本较低。

2. 收入上限管制

收入上限,顾名思义,是限定企业的最高收入的管制方法,也就是对最大允许收入(maximun allow revenue,MAR)进行确定,之后依据"$RPI-X$"的方式来实现进一步调整的方法。其中,企业的最大允许收入通常涵盖了电力企业垄断性质业务的投资计划,具体的表达式如下:

$$MAR_t = MAR_{t-1}(1 + RPI - X) \tag{1-9}$$

式中:MAR_t 指的是本期允许的最大收入;MAR_{t-1} 为上期的最大收入;RPI 为通货膨胀指数;X 为生产效率的偏移量,代表技术进步。

从式(1-9)可以看出,本期具体价格数值的确定,主要是通过本期允许的最大收入数值除以预期的消费量而获得。

和价格上限管制模式类似的是,收入上限管制模式也用"$RPI-X$"相关调整的方式来控制收入和价格的上限。和价格上限管制模式不一样的是,收入上限管制模式主

要针对的是收入状况，而不是实际的价格水平，而且这一模式能够许可企业的实际收入与最大允许收入之间存在差异，并且对下一年最大允许收入进行修改和完善，从而确保最大允许收入的科学性和准确性。因为当前情况下，预测消费量与实际消费量的差别数额会造成企业的最大允许收入与实际收入出现差异，具体的差异会在下一年收入中如实表现，从而实现市场上的消费者与生产者之间的利益平衡。另外，最大允许收入由资产回报、运行维护费、折旧、工资、税金等构成，其中资产回报仍按投资回报率管制模型中的投资回报确定。

由此可见，收入上限管制模式是对于投资回报率管制模式优点和价格上限管制模式优点的有效整合。从回报方面看，收入上限管制模式能够有利于广大企业通过低成本高效率的生产模式达到均衡稳定的回报；从价格方面看，收入上限管制模式又能使管制者对企业价格的监管责任得到一定程度的释放。

3. 标尺竞争管制

雪理弗于1985年提出了标尺竞争（yardstick competition）模型。该模型又被称为区域间的比较竞争理论模型，用于激励不同区域内垄断企业之间的竞争，属于一种激励性管制方法。随后，标尺竞争理论在1993年经过拉芬特和提洛等人的研究后得到了进一步发展。其原理是：首先将全国的垄断企业分为几个地区，地区内的企业所面临的需求相似而且生产技术特征相似，在每个区域内以相似企业的生产成本指标作为参照制定出区域内垄断厂商的合理价格，区域内企业之间通过竞争不断改善服务、提高内部效率、降低成本。

每个输配电企业可能都具有自然垄断特性，在自己经营的地区内都具有垄断经营权，但是在全国范围内一定会存在多家同类企业。在完全竞争的市场中每个企业的成本不可能完全由自身的成本情况决定，而是由其他可比企业的成本情况决定。假设考虑需求函数和生产机会，某一区域内有 n 家可比企业，那么第 i 家企业的产品价格就应该基于另外 $n-1$ 家企业的平均成本来确定。在标尺竞争的管制方法下，如果某一个企业的实际成本低于同类企业的平均成本，那么该企业将会获得额外的利润。基于标尺竞争方法，处于同一区域的每个企业都会尽自己最大的努力去提高效率，降低成本，最终每个企业都会在自身成本最低的水平上进行生产，类似于所有企业在某一竞争的市场环境中。该方法很好地避免了监管者和企业之间的信息不对称问题，能够有效引导企业反映自身的真实成本信息。该管制方法能够引导受管制的企业提供确切的成本信息。

假设企业经营利润为 π，则其可以表述为

$$\pi = [P - C(Z)]Q(P) - Z + T \quad (1-10)$$

式中：P 为企业所定价格；$C(Z)$ 为企业的平均运营成本；$Q(P)$ 为企业在 P 价格时市场的需求；Z 为企业为了降低成本的投入值；T 为政府对于企业一次性的财政补贴。

用 W 表示社会福利，社会福利的最大化目标表达为

$$W_{max} = \int Q(x)dx + [P - C(Z)]Q(P) - Z \quad (1-11)$$

在满足 $P=C$，$Z=T$ 时，社会福利最大化。大多数企业通常是投资厌恶型和利润爱好型的，因此企业的价格如果基于成本，那么企业将没有动力去提高效率降低成本。标尺竞争管制方法的核心思想是参考类型相似的企业，将企业 i 的成本 C_i 按同类企业的平均成本确定，投入 Z_i 按照同类企业的平均投入来确定。

$$\left. \begin{array}{l} P_i = C_i = \dfrac{1}{N-1}\sum\limits_{j \ne i} C_j \\ T_i = Z_i = \dfrac{1}{N-1}\sum\limits_{j \ne i} Z_j \end{array} \right\} \quad (1-12)$$

式中：i 为被管制企业；j 为类型相似的可比企业；Z_j 为企业 j 的投入；C_j 为企业的成本；N 为区域内可比企业的个数。

即使在相似区域内，运营条件完全相同的企业几乎不存在，每个企业的成本完全基于外部企业的成本不一定合理。因此标尺竞争管制方法中往往会引入自身的成本，即

$$\bar{P}_{i,t} = \lambda C_{i,t} + (1-\lambda)\sum_{j=1, j \ne i}^{N}(f_j C_j, t) \quad (1-13)$$

式中：$\bar{P}_{i,t}$ 为企业 i 在 t 时段的价格限额；λ 为被管制企业 i 的成本相关的系数；$C_{i,t}$ 为企业 i 在 t 时段的成本；f_j 为成本加权因子。

标尺竞争实际上构筑的是企业之间的竞争机制，激励企业不断降低成本，提高产品质量。只要企业的成本低于平均成本，企业就能够获得更多利润。在标尺竞争管制下，只要存在外部特征相似的企业，同时企业之间没有共谋的情况下，一个企业的成本在一定程度上就会受到其他企业的影响，不再仅仅统计自身成本。可比企业的成本反映了该企业的努力水平，企业通过信息的比较不得不显示真实成本水平，弱化了企业对信息的操纵，很好地降低了信息租金。同时，企业为了使自身的成本低于其他企业的平均成本，就要积极提高运营效率获得较多利润。在基于成本的管制方式下，低效企业可以生存并长期经营，而在标尺竞争法下，企业的价格与自身成本的关系不

大，且成本的降低将导致利润的上涨，有效克服了基于成本管制方法的缺陷，许多国家都大力推行。

四、成本规制的相关概念

1. 成本规制的含义

成本规制指规制机构（规制机构指履行价格规制职能的政府机构）从价格规制的需要出发，制定适合行业特点的成本分类、归集、核算规则以及相关的成本报送、审核和披露制度。尽管各自然垄断行业具体成本规制规则不同，但总体规制框架及原则基本相同，通常包括以下几个方面的内容：

一是规制机构根据被规制行业的特点和价格规制的要求，制定定价成本分类、归集、分摊、核算的规则，发布定价成本报表统一格式、要求和填报指南。定价成本报表的设置应有利于规制机构评估定价成本的合理性，反映生产过程的特点和成本发生的原因及用途。

二是为使企业充分准确地理解成本报表，提高提交信息质量，规制机构必须发布定价成本填报指南和具体要求。详细解释报表中每一个子表和科目的含义，指导企业如何归集成本、填写和提交报表，以及相关的要求，如保留全部原始记录及证明文件的时间、说明实际成本与定价时预测成本的差异以及原因、内部各项业务定价成本分离的要求等。

三是规制机构对企业提交的定价成本报表，按规定的程序和方法进行评估或审核，并形成评估或审核报告。

四是规制机构应向公众发布定价成本评估或审核报告，便于消费者和其他利益相关方了解相关信息，增强规制的公开透明程度。

2. 成本规制的特征

（1）成本规制的对象是定价成本，它不同于企业的财务成本。

定价成本是企业与提供受规制服务相关且必须经规制机构认可允许通过价格收回的成本。财务成本是企业实际发生的全部成本。定价成本以财务成本为基础归集，但大部分情形下仅是企业财务成本的一部分，那些与受规制业务无关、不合理的成本不能包含在定价成本中。定价成本需要对企业财务成本进行调整，按定价的需求来分类和归集。

（2）成本规制中的定价成本报表不同于一般性财务报表。

定价成本报表指企业按定价成本规则提交的成本报表。它不同于企业一般性的财务报表，二者的区别体现在以下三个方面：

1）适用对象不同。所有企业都要提交法律规定的财务报表；而成本规制的产生源于价格规制的需要，因此只有价格受到规制的行业或部门，如电力、天然气、供水、供热、铁路等行业的管网环节，才需要专门的成本规制，原因是通用会计准则和一般性的财务报表不能满足价格规制的需要，突出表现为不能为判断成本合理性提供依据。而在竞争性行业或部门，价格通过市场竞争形成，除法定财务报表规定披露的成本信息外，其余成本信息属于企业的商业机密，企业有权不公开。

2）反映成本信息的范围和程度不同。财务报表反映企业整体业务成本和收入信息；而定价成本报表集中关注受规制的业务，如企业同时经营受规制业务和竞争性业务时，需要将与受规制业务无关的成本剔除。同时，由于定价成本报表服务于价格规制，是确定合理价格水平和结构的依据，因此需要设置详细的成本分类。

3）服务的对象和目标不同。财务报表主要用于为投资者和税务主管部门提供企业财务信息。定价成本报表用于为规制机构和消费者提供成本信息，为价格制定和调整提供依据，并使消费者详细地了解定价成本，加强对企业成本的约束。

（3）成本规制具有专业性、统一性和强制性。

首先，各行业技术经济特性不同，成本的构成、形成特点以及价格规制的要求也不同，设置成本规制规则必须符合行业特点。因此，许多国家对电力、天然气、供水等行业分别制定了成本分类规则体系。如美国许多公用事业企业不仅同时经营发电、输电、配电和售电业务，而且还从事天然气、供水等公用事业行业，但各行业、各环节的成本和相关信息均单独核算和统计，成本的分类、分摊与核算规则不完全相同。

其次，同一行业或部门中的所有企业必须执行相同的成本规则，包括统一的定价成本报表格式和成本核算标准，以便于规制机构对不同企业的成本以及同一企业不同年份的成本进行比较。

最后，成本规制具有强制性，受规制企业必须按规定的格式和要求提交成本报表，并保留和提供相应的证明文件，否则其成本将不被规制机构认可，不能计入价格。

3. 成本规制的作用

成本规制能够向规制机构、消费者以及其他利益相关方提供与价格相关的成本信息，直接为价格制定和调整提供依据，降低规制过程中的信息不对称，提高规制的透明程度和效率，从而更好地保护消费者的利益。

（1）为价格制定和调整提供依据。

规制机构制定和调整价格，需要掌握详细的成本信息，如果仅仅依据通用会计准则产生的企业财务成本信息和财务报表，是远远无法满足规制需要的。专门的成本规制由于建立了符合行业特点和价格规制需要的成本分类、归集、核算规则，以及相应的成本报送、披露和审核制度，因此能够提供准确的数据基础，提高价格规制的科学性、规范性和透明度。

（2）有助于提高规制的整体效率。

虽然成本规制的产生源于价格规制的需要，但由于成本规制能够公开和发布企业详细的成本信息，因此同时也有利于实现其他的规制目标，进而提高规制的整体效率。如对企业在两次价格调整期间的运行和投资表现进行跟踪监测，能使消费者理解绩效和成本与预测的差异以及产生的原因；监测被规制企业财务健康程度，保证提供服务的连续性；保证收入和成本在垄断业务和竞争业务以及不同的垄断业务之间的正确分摊，防止企业通过垄断业务补贴竞争业务，加强对关联交易的规制和反垄断审查；提高规制过程的透明程度，降低规制机构的自由裁量权，降低规制风险，吸引投资，并降低投资风险和投资成本。

4. 影响成本规制的主要因素

影响成本规制的主要因素包括被规制行业的技术经济特征、市场结构以及规制政策。

一是被规制行业的技术经济特征。不同行业的技术经济特征不同，提供的服务或产品的类型不同（有些提供单一产品、有些提供多种产品），从而决定成本构成和形成的特点不同，成本的用途和功能也不同，因此成本分类、归集、分摊和核算的要求不同。

二是被规制行业的产业组织形式。同一行业内部，也包括不同的部门或环节，其中部分是可竞争环节，部分是自然垄断环节，因此，竞争的范围和程度、各环节分离的程度和组织形式均影响成本规制。已经引入竞争、由市场形成价格的环节通常不需要价格和成本规制。但不同的市场结构下，成本规制的内容、重点和复杂程度不同。如果受规制企业只经营一项垄断业务时，成本规制的任务最为简单。但实践中可能的市场结构和产业组织形式较为复杂，如受规制企业或经营多项垄断业务，或既经营垄断业务又经营竞争业务，或是经营多项业务集团公司的独立子公司，或是有多家从事竞争业务的附属企业。

三是被规制行业的价格规制政策。成本规制最主要的目标是服务于价格规制，而不同的价格规制政策对成本信息要求的内容和重点也不相同，包括准许收入的构成、共用成本分摊的方法、价格结构确定的方法等。

五、电网的成本规制

1. 电网的基本概念

电网是电力系统的中间环节，两端连接发电厂和各类电力用户，由线路（架空线路和地下电缆）、变电设备、控制保护装置、通信装置和其他辅助设备构成。

电网按功能可以分为输电网络和配电网络。大部分发电厂受燃料、地形等自然条件的限制，必须建设在远离用电中心的偏僻地区，因此其生产的电能需要经过输电网络长距离输送到各个用电地区。为提高输送能力、降低输电成本，输电网络的电压等级较高，不能供用户直接使用，并且不同用户的地理位置及对电压等级的需求也不同，因此还需要配电网络将电能降压和配送给各类不同的用户。在不同国家和地区，输电网络和配电网络的电压等级划分标准不同，主要取决于电网的结构。

2. 电网的物理特性范围

（1）电网在物理结构上是分层分区的复杂网络。分层指电网由不同电压等级的网络构成，如我国电网常见电压等级为500kV、220kV、110kV、35kV、10kV、1kV及以下；分区是指电网由不同地理位置的地区电网构成。分层与分区电网纵横交错，将地理位置分散的数以万计的发电厂、电力用户通过数量众多的线路、变压器、控制、保护与通信装置联系在一起，构成一个非常庞大而复杂的网络。

（2）电网在建设和运行方面必须保持高度的系统性。电能的生产和消费几乎同时完成，由于现阶段电能在技术上尚不能实现大量储存，因此要求二者的纽带——电网能够根据不同时刻、不同位置用电量的变化协调发电量，同时必须满足电网自身一系列技术指标的约束，如电压和频率波动的范围。所以，电网的运行需要一个统一的机构协调，电网建设也需要整体规划。

3. 电网服务类型及成本形成的特点

（1）电网服务类型的划分。

电网的整体功能是将电能从发电厂输送给电力用户，从内部结构看，实际上提供的并不是单一的服务，而是多种类型的服务。不同服务的成本和用途不同，可以从多个角度进行划分，具体如下：

1）按功能划分，可以分为输电和配电服务。二者为纵向联系的上、下游环节。

2）按服务内容划分，可以分为接入服务、传输服务、系统运行服务。接入服务指输电企业为新用户接入电网提供的服务，包括连接方案设计、专用连接资产（用于连接用电设备与电网接入点之间的设备）安装，有时还需要对系统升级改造。传输服务指输电企业为所有电网用户传输电能提供的服务，包括投资建设输电线路、变电站等设施以及建成后的维护服务。系统运行服务指输电企业或独立系统运行机构为保证电能传输过程中系统安全而提供的服务，主要包括系统不平衡服务和辅助服务。竞争性批发市场建成后，系统运行服务成本通过批发市场统一加价的方式收回。

3）按服务对象的范围划分，可以分为专项服务和共用网络服务。专项服务指能明确受益对象的服务，如专用输电工程、用户接网工程、联网工程的建设和运行维护。共用网络服务是为所有用户提供的共同服务，如上述传输服务和系统运行服务。

4）按服务对象的性质划分，可以分为发电用户和终端用户。终端用户又包括工业用户、商业用户、居民用户、街道照明等，不同类型的终端用户的用电特点不同。和频率波动的。

5）按服务对象连接电压等级划分，可以分为1kV及以下、10kV、35kV、110kV、220kV、500kV及以上；或分为低压（1kV及以下）、中压（10kV）、高压配电（35～110kV）、高压输电（220kV）、超高压输电（330～750kV）、特高压输电（交流：1000kV及以上；直流：±800kV及以上）。

（2）电网成本形成的特点。

1）按成本构成和时间划分，短期内大部分电网成本为固定成本。固定成本是相对变动成本而言的，固定成本指短期内与提供的产品或服务的数量无关的成本。电网大部分成本为接入和传输成本，二者均为固定成本。接入服务成本主要取决于用户申请安装容量和连接点附近系统剩余容量的情况；传输服务成本取决于系统高峰容量需求、发电机与负荷在地理位置上的分布，系统高峰负荷越高、发电机与负荷的分布越不均衡，所需的输电传输成本越高。从长期看，大部分成本为变动成本，用户的用电行为特别是用电负荷率、用电时间、同时率等也是影响电网投资成本的重要因素。

2）按受益对象划分，大部分电网成本为共用成本，无明确受益对象。所谓共用成本，是指难以明确界定受益对象，在价格设计中需要采取一定方法分摊的成本。与共用成本相对的是专属成本，它能够明确界定受益对象，如专用输电工程成本、接网服务成本。

共用网络服务成本占电网成本的很大比例，它服务于所有用户。如所有的用户都直接或间接受益于电网可靠性的提高，很难界定和分摊每一个用户应该承担的成本。又如在某地区增加一条线路用于缓解阻塞，可能会降低系统其他地区用户的成本。再如有时用户接入电网时需要更新改造设备，所有连接在该电压等级及以下等级的用户都可能受益。

3）各电压等级电网的成本同时服务于该电压等级及以下电压等级的全部用户（不含分布式发电）。电能在电网中经最高电压等级的线路，经过降压变压器传输到下级线路，以此类推，直到最低电压等级的线路。因此，各电压等级成本的受益对象为该电压等级及以下电压等级的全部用户，电网成本在各电压等级之间逐级传导，所以在分摊成本时必须从最高电压等级开始，逐级分摊。

4. 电网成本规制的必要性

电网由于具有显著的规模效应而必须实行垄断经营。电网建设需要巨额投资，且资产的专用性极强，寿命长达 30～40 年，一旦建成难以用作其他用途，同时平均成本随产量增加而降低。因此，若同一地区有数家小型企业分割市场、重复建设电网，会提高成本并造成资源的极大浪费。相反，由一家企业垄断经营、为所有的用户同时提供服务最为经济。配电与输电网络规模经济和范围经济的边界不同，并不是垄断的范围越大越好。

与此同时，电能产品和传输服务在现阶段尚不能被大规模替代，是社会生产和生活的必需品。因此，为防止垄断企业获得超额垄断利润，政府需要对电网价格进行规制，包括控制企业总收入水平和批准合理的价格结构，而二者均需以成本为基础。

首先，控制企业总体收入的基本模式是回报率与上限制。在传统的回报率模式下，成本是决定价格的直接依据，能否对成本进行有效规制，是影响规制效果的关键。在上限制模式下，虽不以企业实际成本作为直接定价的依据，但仍要以企业的实际成本为基础，确定初始成本和效率因子提高的要求。相反，由于需要对投资、运行成本的合理性进行评价，有时不仅需要单个企业的成本，而且需要一组或行业内全部企业的成本，实际上对成本规制的要求反而更高。可见，无论是回报率模型还是上限制，归根结底，都是为了降低成本，通过降低成本来控制电价。为此，各国都制定了专门用于价格规制的会计制度。其中对投资项目的审查，是成本控制的重点和基础。

其次，企业的准许收入需要通过具体的价格结构来实现，即确定不同用户或服务的价格。其中最重要的原则是成本发生原则，尽可能按各类用户耗费的实际成本定价，反映各类用户对系统造成的不同的损耗。因此，需要详细的成本分类和合理的分摊方法，以确定各类用户的成本。如英国配电网络低压用户电价结构的确定分为三个步骤：第一步搜集成本和用户数据；第二步将成本分摊到各类用户，确定各类用户的价格结构；第三步根据准许收入和预测负荷调整各部分价格。为此，规制机构制定了成本分类与分摊的统一模板，各配电企业只需输入原始数据即可完成。

六、电力产业的管制方式

电力产业属于自然垄断产业，但并非电力产业的所有环节都具有自然垄断的特征。在电力产业的发电、输电、配电和售电四个环节中，发电和售电不具有自然垄断的特征，输电和配电属于自然垄断领域。输配电环节自身的自然垄断特性以及改革发展的要求，决定了要对其实行适度的价格激励规制。从发达国家输配电价格管制实践看，主要有三种主流输配电价格管制方式。

一是保证成本收回、基于回报率的管制方式，典型代表是投资回报率管制，也称作成本加成管制。

二是基于上限的激励管制方式，典型代表是价格上限管制和收入上限管制。

三是基于成果的激励管制方式，典型代表是英国 RIIO 管制模式。

1. 基于回报率的管制

基于回报率的管制，是一种传统的对电网企业进行规制的方法，是指有电价管理权限的政府部门主要对输配电成本费用的合理性进行审核，按合理利润水平核定输配电价水平，促进电网正常发展，并使电网企业不能凭借垄断地位获取超额利润。

成本加成管制，一般每年核定一次企业被管制业务的年度准许收入。准许收入包括被管制业务发生的合理成本及允许的投资回报。其计算公式为

$$MAR = EA \times ROI + D + OM + T \tag{1-14}$$

式中：MAR 为管制业务的年度准许收入；EA 为有效资产，按资产的账面价值确定；ROI 为投资回报率；D 为年度折旧额；OM 为年度运行维护费；T 为管制业务支付的年度税额。

由上述公式可知，成本加成管制方式下，核定输配电价时主要对电网有效资产、折旧率、运行维护费率和资本金收益率等参数进行控制。核定电价后，主要对电网业务实际收入指标进行监管，根据电网业务收入指标情况进行电价水平调整。

基于回报率的管制方式，其核心思想是根据电网企业资本成本的一定比例确定

电网企业提供输配电服务的利润率,并在此基础上设定价格。它假设规制机构可以根据电网企业的实际收益率动态,及时调整允许的投资收益率,在保证补偿企业运行成本的基础上,给电网企业留下合理的利润。可见,在采用投资回报率规制的电网规制下,规制部门并不直接决定最终的电价,而是通过影响企业的投资利润率来调控电网企业的输配电价,从而实现对输配电价的间接控制。美国是实行投资回报率规制的最具代表性的国家。

2. 基于上限的激励管制

随着电力工业市场化改革的发展和管制理论的不断探索,人们认识到"成本加成"管制方式有一定局限性,政府管制不能完全保证资源优化配置和分配公正。其主要原因在于:一是信息不对称使管制者在确定管制价格时处于被动地位,而获取充分的信息意味着要加大管制成本,降低管制效率;二是企业寻租行为不仅会增加垄断行业的经营成本,而且会导致管制者在制定政策时,向被管制企业倾斜,降低管制效果。因此,基于上限的激励管制逐渐形成。基于上限的管制方式有多种形式,如价格上限管制(price cap)和收入上限管制(revenue cap)。

(1) 价格上限管制。

价格上限管制模型的主要思想是在一定的期间内制定一个电网企业的价格限额,在限额以下企业可以自由地调整价格。价格上限管制通常是在价格管制期初,由管制机构核定起始价格,然后考虑管制期内每年的商品零售价格指数(RPI)或消费者价格指数(CPI),减去效率系数 X,逐年进行调整。

以英国管制机构对电网公司电网使用费价格上限确定和调整的方法为例,说明价格上限管制的管制方法。控制期内每年均需要计算每千瓦最高平均价格,并根据上年实际执行情况,通过一个调整系数进行调整。当上年实际收入大于或小于规定的收入时,对下一年的收入减少或增加一定值进行修正。每年每千瓦最高平均价格计算及调整公式为

$$P_t = P_{t-1} \times (1+(PI_t - X) \div 100) - K_t \quad (1-15)$$

式中:P_t 为最高价格;PI_t 为价格指数;X 为效率因子;K_t 为不可预见的管制者无法控制的价格调整系数;t 为管制年份。

价格限额规制事先限定一个在一定时期内相对固定的各个企业都不能超过的平均价格水平。在此前提下,企业可以根据自己的市场策略调整价格。规制者则按照通货膨胀和预期的技术进步率在每个规制周期进行规制价格的调整。在价格限额规制下,

一定规制周期内价格的上涨或下调的幅度被确定，企业可以通过提高效率和降低成本来获得额外收益，因此能很好地起到激励作用。同时，价格规制限制了企业的利润率，促使企业对生产要素组合进行优化，不至于出现投资回报率规制情况下投资过度的情况。

价格上限管制之所以能够替代投资回报率规制，是因为：在投资回报率规制下，电网企业的利润不受其提高效率或降低效率的影响；而在价格上限管制下，电网企业可以获得全部因效率提高而产生的超额利润，但也要承担全部风险。

（2）收入上限管制。

收入上限管制实际上是由管制部门确定垄断业务每年的最高准许收入（MAR）。在计算垄断业务每年的最大准许收入时，先计算未调整的每年最高准许收入需求，然后，再根据预测的物价指数和效率系数（PI-X）对最高准许收入进行调整，形成未来管制期内逐年的最高准许收入。通常在形成管制期内当年的最高准许收入后，再形成垄断业务相应的价格。

$$MAR_t = MAR_{t-1} \times (1+(PI_t-X) \div 100) + Z_t \quad (1-16)$$

式中：MAR_t 为最大准许收入；PI_t 为价格指数；X 为效率因子；Z_t 为不可预见的管制者无法控制的收入调整系数；t 为管制年份。

最大允许收入由资产回报、运行维护费、折旧、工资、税金等构成，其中资产回报仍按投资回报率管制模型中的投资回报确定。在采用"收入上限"对输电收入进行管制期间，管制者必须考虑电网经营企业的输电收入要求，它涉及对输电服务需求的增长估计、输电服务标准的确定、资产回报基数的确定、利用资本资产定价模型（CAPM）确定加权平均资本成本（WACC）等工作。

收入上限管制模式，结合了投资回报率规制与价格上限管制模式的优点，有利于促进企业降低成本、提高效率及长远发展，但对基础数据要求较高，政府在制定初期收入上限时成本较高。此外，在收入上限管制模式下，电网企业具有价格的自主定价权，这可能造成电网企业通过提高价格、降低生产规模的方式获得更多的企业利润，因此收入上限管制可能会给电网企业提供不利于政府对电网规制的激励。

3. 基于成果的激励管制

基于成果的激励管制，首先通过设立价格上限或收入上限的形式，阻止电网企业利用其对电网的垄断，抬高价格、获取超额垄断利润，并促使电网企业在经营中使用先进的技术，降低成本；其次，制订相应的规则和绩效目标，并给予外在的金融激励，激发电网企业为输电用户提供更多的效益，达到预定的绩效目标。

该模式取代传统管制方式的本质原因在于：①它削弱了受管制企业的成本与所允许的价格或收益之间的联系，企业不会过度投资，造成"A-J效应"。②为了克服管制机构与受管制者之间的信息不对称，它采用激励措施促使受管制的公司降低成本、提高生产效率。③它在企业和消费者之间转移风险和利益。在传统成本管制下，消费者承担着成本增加导致的风险和降低成本带来的收益，而在基于成果的激励管制下，这种风险由企业和用户共同来承担，收益也共同享受。

本节小结

自然垄断企业具有规模经济性，加上自然垄断定价有两难困境，因此需要对自然垄断行业进行管制。本节首先对传统管制定价的理论和方法进行了梳理。传统管制定价方法均是以成本为基础进行管制的，主要有边际成本定价，平均成本定价以及投资回报率管制三种。其次，概述了现代激励性管制定价理论与方法。激励性管制是在放松管制的改革过程中逐渐形成的新兴理论，其方法有很多，主要包括收入上限、价格上限、标尺竞争等。最后，对电力产业的管制方式进行了分析。输配电环节由于自身自然垄断特性以及改革发展的要求，决定了要对其实行价格激励规制。发达国家关于电力产业输配电价的管制方式主要有三类：保证成本收回方式、基于上限的激励管制方式、基于成果的激励管制方式。不同国家有各自相应的输配电价制定方法和模式，如美国、日本等国采用投资回报率定价方法，英国等国采用RIIO等激励性定价方法，法国采用基于经济（边际）成本定价方法。

第二章

我国输配电价改革情况

第一节 我国输配电价发展概况

当前,我国输配电价整体按照"准许成本+合理收益"原则进行核定。新一轮电力体制改革以来,关于输配电价的政策体系有"成本监审办法""定价办法"和"一个指导意见"。本节介绍我国输配电价体系的发展历程,分析相关政策要点和政策脉络,重点围绕自《关于进一步深化电力体制改革的若干意见》(中发〔2015〕9号)发布以来我国的输配电价改革展开分析。

一、我国电价体系发展历程

1. 集资办电、解决电力供应短缺阶段

改革开放初期,我国百业待兴,伴随着国民经济的快速增长,我国电力工业受装备差、可靠性低、发展资金不足等问题的制约,全国电力短缺现象比较严重,成为制约国民经济发展的瓶颈。在这个阶段,改革政策的主要目的是吸引社会投资,加快电力工业的发展。1985—1987年我国电价改革主要政策文件见表2-1。

表2-1　　　　1985—1987年我国电价改革主要政策文件

年份	颁发部门	政策文件	主要内容
1985	国家经济委员会,国家计划委员会、水利电力部、国家物价局	《关于鼓励集资办电和实行多种电价的暂行规定》	实行多家办电和多渠道集资办电的政策
1987	水利电力部、国家经济委员会、国家物价局	《关于多种电价实施办法的通知》	确立指令性、指导性两种形式和两种电价形成机制

这个阶段,共出台了三项重要政策。一是规定新建成的电力项目按照还本付息需要核定电价;二是实行电价随着燃料、运输价格的波动进行调整;三是对工业企业用电每度电加收2分钱的电力建设资金,作为地方办电的经费来源。其中,"还本付息电价"主要指在电价核定时,政府承诺能够覆盖融资成本并且保障一定的利润。这一政策的实施充分地调动了社会力量办电的积极性,促进了电力工业快速发展,缓解了

电力供需矛盾。

2. 政企分开、强化企业主体地位阶段

20世纪90年代中后期，我国的电力供需矛盾得到了显著缓解，局部地区的装机规模出现了相对过剩的情况，这为电价政策调整提供了窗口期。1995年我国正式颁布实施了《中华人民共和国电力法》（简称《电力法》），标志着电价的管理工作正式进入法治化时代。在这个阶段，我国电价政策的制定主要是为了鼓励电力企业降低成本、提高效率，避免电力价格过快上涨。在此期间，出台的主要改革政策有：一是将还本付息电价改为了经营期电价，即按照经营期间整体统筹考虑电网运营成本、税金和合理利润，并且还取消了各级政府在电价外额外加收的560项基金和收费，从而有效地抑制了电价的快速上涨。二是以省级电网为单位实行了统一销售电价，初步建立了透明、规范的电价管理体系。三是实施了农村电价"两改一同价"改革，将农网的经营成本在城乡用户中共同分担。这一举措将之前农村1元/（kW·h）的电价降低到了0.56元/（kW·h）左右，显著降低了农民用电负担，为我国农村经济的发展提供了电力保障。

3. 厂网分开、电力市场初步培育阶段

2002年，国务院出台《关于印发电力体制改革方案的通知》（国发〔2002〕5号文），标志着电价改革进入了一个崭新的时代，电力工业实现了厂网分开、主辅分离。根据电价改革的目标、原则和主要措施，我国将电价按照生产消费的不同阶段划分为上网电价、输配电价和销售电价；发电侧与售电侧的价格将由市场竞争形成，中间的输配环节价格由政府制定。该通知的出台有利于促进我国电网长期健康稳定发展，通过实施上网价格与销售电价联动，可以优化销售电价的结构，鼓励大用户向发电企业直接购电。

4. 深化电力体制改革阶段

2015年3月，中共中央、国务院下发了《关于进一步深化电力体制改革的若干意见》（中发〔2015〕9号），标志着新一轮电力体制改革的再次启动。文件提出了要有序推进电价改革，理顺电价形成机制。在进一步完善政企分开、厂网分离、主辅分离的基础上，按照"管住中间、放开两头"的体制架构，实行"三放开、一独立、三强化"，转变传统电力销售模式，有序放开输配以外的竞争性环节电价，有序向社会资本开放配售电业务，有序放开公益性和调节性以外的发用电计划；推进交易机构相对独立，规范运行；进一步强化政府监管、电力统筹规划，以及电力安全高效运行和

第二章 我国输配电价改革情况

可靠性供应,打破电力市场垄断,恢复电力商品属性。2015年以来我国电价改革主要政策文件见表2-2。

表2-2　　　　　　　2015年以来我国电价改革主要政策文件

年份	颁发部门	政策文件	主要内容
2015年4月	国家发展改革委	《关于贯彻中发〔2015〕9号文件精神,加快推进输配电价改革的通知》(发改价格〔2015〕742号)	将安徽、湖北、宁夏、云南省(区)列入试点范围,按"准许成本+合理收益"原则单独核定输配电价
2015年6月	国家发展改革委、国家能源局	《关于印发输配电价定价成本监审办法(试行)的通知》(发改价格〔2015〕1347号)	规定了输配电价定价成本监审原则、构成与归集、核定方法、电网企业固定资产分类定价折旧年限等
2015年11月	国家发展改革委、国家能源局	《关于印发电力体制改革配套文件的通知》(发改经体〔2015〕2752号)	明确政府性基金和交叉补贴,并向社会公布,接受社会监督。电网企业将按照政府核定的输配电价收取过网费
2016年3月	国家发展改革委	《关于扩大输配电价改革试点范围有关事项的通知》(发改价格〔2016〕498号)	启动北京、天津等12个省级电网和华北区域电网的输配电价改革
2016年9月	国家发展改革委	《关于全面推进输配电价改革试点有关事项的通知》(发改价格〔2016〕2018号)	启动蒙东、辽宁等14个省级电网的输配电价改革
2016年12月	国家发展改革委	《省级电网输配电价定价办法(试行)》(发改价格〔2016〕2711号)	建立独立输配电价体系,以提供输配电价服务相关的资产、成本为基础,确定电网企业输配电价业务的准许收入
2017年8月	国家发展改革委办公厅	《关于全面推进跨省跨区和区域电网输电价格改革工作的通知》(发改办价格〔2017〕1407号)	开展跨省跨区输电价格核定工作,促进跨省跨区电力市场交易
2017年10月	国家发展改革委	《政府制定价格成本监审办法》(国家发展改革委令〔2017〕第8号)	规定成本监审项目实行目录管理
2017年11月	国家发展改革委	《关于全面深化价格机制改革的意见》(发改价格〔2017〕1941号)	促进绿色发展的价格政策体系基本确立,低收入群体价格保障机制更加健全

续表

年份	颁发部门	政策文件	主要内容
2017年12月	国家发展改革委	《区域电网输电价格定价办法(试行)》《跨省跨区专项工程输电价格定价办法(试行)》和《关于制定地方电网和增量配电网配电价格的指导意见》(发改价格〔2017〕2269号)	规定了区域电网、跨省跨区专项工程、地方电网和增量配电网的定价办法、调整机制等内容
2018年2月	国家发展改革委	《关于核定区域电网2018—2019年输电价格的通知》(发改价格〔2018〕224号)	规定了华北、华东、华中、东北、西北区域电网首个监管周期两部制输电价格水平
2018年3月	国家发展改革委	《关于降低一般工商业电价有关事项的通知》(发改价格〔2018〕500号)	分两批降低一般工商业电价，落实一般工商业电价平均下降10%的目标要求
2018年5月	国家发展改革委	《关于电力行业增值税税率调整相应降低一般工商业电价的通知》(发改价格〔2018〕732号)	电力行业增值税税率由17%调整到16%后，省级电网企业含税输配电价水平和政府性基金及附加标准降低
2018年7月	国家发展改革委办公厅	《关于清理规范电网和转供电环节收费有关事项的通知》(发改价格〔2018〕787号)	取消电网企业部分垄断性服务收费项目，全面清理规范转供电环节不合理加价行为
2018年7月	国家发展改革委	《关于利用扩大跨省区电力交易规模等措施降低一般工商业电价有关事项的通知》(发改价格〔2018〕1053号)	扩大跨省区电力交易规模、国家重大水利工程建设基金征收标准降低25%、督促自备电厂承担政策性交叉补贴等电价空间，用于降低一般工商业电价
2019年3月	国家能源局	《关于加强电力中长期交易监管的意见的通知》(国能发监管〔2019〕70号)	进一步规范制定市场交易规则，规范组织市场交易，规范参与交易行为，做好市场交易服务
2019年5月	国家发展改革委、国家能源局	《关于印发输配电定价成本监审办法的通知》(发改价格规〔2019〕897号)	对2015年制定的《输配电定价成本监审办法(试行)》进行了修订

5. 输配电价改革成效

输配电价改革开始的标志是2014年10月正式启动的深圳试点。从2015年开始，为贯彻落实党中央、国务院《关于进一步深化电力体制改革的若干意见》和《关于推进价格机制改革的若干意见》相关要求，输配电价改革在分批试点中快速、全面推进，我国的输配电价改革取得了积极进展和显著成效。2015年6月，在深圳、蒙西试点基础上，《输配电定价成本监审办法（试行）》出台，同时，湖北、宁夏、安徽、云南、贵州5个省（自治区）的第二批输配电价改革试点工作启动。2016年3月，国家发展改革委印发了《关于扩大输配电价改革试点范围有关事项的通知》，将北京、天津、冀南、冀北、山西、陕西、江西、湖南、四川、重庆、广东、广西等12个省级电网和经国家发展改革委、国家能源局审核批复的电力体制改革综合试点省份的电网，以及华北区域电网纳入输配电价改革试点范围，第三批省级电网输配电价改革试点工作正式启动。2017年7月，除西藏以外，省级电网输配电价首个周期核定工作全部完成。截至2018年10月，国家发展改革委已经陆续完成了5大区域电网、24条跨省跨区专项输电工程输电价格的核定。

（1）建立科学合理的输配电价体系。

《输配电定价成本监审办法》《省级电网输配电价定价办法》《区域电网输电价格定价办法》《跨省跨区专项工程输电价格定价办法（试行）》和《关于制定地方电网和增量配电网配电价格的指导意见（试行）》的制定和出台，表明我国已经建立了覆盖跨省跨区输电工程、区域电网、省级电网、地方电网和增量配电网的全环节输配电价格监管制度框架。同时，标志着我国初步建立了科学、合理、规范、透明的输配电价监管体系，使得对于电网企业的输配电价核定工作可以有法可依，有据可循。

（2）降低输配电价和用户用电成本。

2015年新一轮电改启动后，国家发展改革委开展首轮输配电定价成本监审，共核减不相关、不合理费用约1284亿元，平均核减比例15.1%。与购销价差比较，实施输配电价改革后的平均独立输配电价减少近1分钱/（kW·h），32个省级电网准许收入减少约480亿元。国家将输配电价改革的降价空间全部用于降低终端电力用户，尤其是工商业用户的用电价格，降低了企业的用电成本。2019年，国家发展改革委启动第二监管周期电网输配电定价成本监审。新修订的《输配电定价成本监审办法》对电网企业部分输配电成本项目实行费用上限控制，明确对电网企业未实际投入使用、未达到规划目标、重复建设等输配电资产及成本费用不列入输配电成本，引导企业合理有效投资，减少盲目投资。

（3）转变对电网企业的监管模式。

自输配电价改革实施以来，在增加输配电成本信息透明度的基础上，创新对电网企业的监管模式。输配电价改革后，监管部门对电网企业的监管模式由通过核定购售电价格以使电网企业获得购销差的间接监管，转变为以电网有效资产为基础，对其输配电业务的准许收入、准许成本和价格进行全方位直接监管。相较于间接监管，对电网企业的直接监管模式更加科学、规范、透明。

（4）推进电力交易市场化改革进程。

深化电力体制改革和电价机制改革，合理降低电力价格，是供给侧结构性改革的重要组成部分。国家按照"管住中间、放开两头"的体制架构，将输配电价改革试点作为电力价格改革的突破口和重要抓手，全面推进输配电价改革试点工作，为实现电力市场化交易创造有利条件。制定输配电价后，电网企业只能获得准许的输配电价收入，在电力市场交易中利益是中性的。电网无障碍、无歧视向所有用户开放，有利于发电侧与用户侧电力市场建设和直接交易，形成多买多卖的市场竞争性格局，为未来进一步扩大市场形成电价的范围，减少政府对发售电价格的干预创造有利条件，进而提高电力市场运行效率，将更大程度激发市场活力，促进电力供应和需求的总量平衡、结构优化，提升电力资源的优化配置。

6. 输配电价改革存在的问题

到目前为止，我国本轮深化电力体制改革起到很好的示范与引领作用，但是对比国外输配电价监管的经验与启示，政策落实及深化开展过程中还存在着一些普遍性问题。

（1）法律规范方面有所欠缺。

法律保障是国家政策有序出台与推广实施的坚强后盾，在经济发展新常态下，以及国家深化改革的宏观背景下，立法保护不仅能够为政策办法及机制体系的实施保驾护航，也在一定程度上为政策实施主体、实施对象及相关主体赋予了法律层面的权利与责任，进一步凸显考核与惩罚机制的权威性。目前，与输配电价业务相关的法律及行政法规包括《价格法》《行政许可法》《电力法》和《电力监管条例》等。《价格法》（1997年）中明确"政府指导价、政府定价的定价权限和具体适用范围，以中央的和地方的定价目录为依据。中央定价目录由国务院价格主管部门制定、修订，报国务院批准后公布"。现行的《中央定价目录》（2015年经国务院核准）明确"省及省以上电网输配电价"为电力定价内容。《电力法》（1995年）规定"电力管理部门依法对电力企业和用户执行电力法律、行政法规的情况进行监督检查"。《电力监管条例》（2005年）明确"国务院价格主管部门、国务院电力监管机构依照法律、行政法规和国务院的规定，对电价实施监管"。这些法律法规虽涉及电价监管的条文，但缺乏监审相关条款与实施细则,如监审工作的具体内容、监审相关方的权利义务、行为约束和法律责任等。

(2) 价格核定规则有待完善。

例如,《省级电网输配电价定价办法》中没有具体说明基本电价的计算方法。电价政策性交叉补贴解决机制尚未理顺、补贴数额尚未厘清,目前阶段通过输配电价回收,影响输配电价独立性和促进市场交易作用的发挥。除分布式发电"过网费"考虑了交易双方所占用的电网资产和电气距离外,其他市场化交易的输配电价按邮票法收取,未能充分反映各类用户的实际输配电成本。

(3) 定价成本核定缺乏标准。

标准应用是科学实施监管的主要内容,影响和制约着定价成本核定的科学性与准确性,《输配电定价成本监审办法》明确了定价的基本原则与要素构成,重点针对准许成本进行了细分及说明,包括折旧费和运行维护费(职工薪酬、材料费、修理费和其他费用),为科学开展输配电定价分析与监审实施提供了参考与依据。但是目前对于折旧率、残值率、材料费、修理费等费用细化标准有待进一步制定完善。

二、输配电价体系现状

目前,我国输配电价体系包括区域电网输电价格、跨省跨区专项工程输电价格、省级电网输配电价、地方电网输配电价和增量配电网配电价格。

1. 区域电网输电定价

区域电网是指跨省共用网络,是省级电网的向上延伸。区域电网承担双重功能,一是保障省级电网安全运行,二是供输电服务。电量电费反映区域电网提供输电服务的成本,原则上按区域电网输电线路实际平均负荷占其提供安全服务的最大输电容量测算。

按照《区域电网输电价格定价办法(试行)》,区域电网输电价格是指区域电网和相关省级电网所属的500kV或750kV跨省交流共用输电网络,以及纳入国家规划的1000kV特高压跨省交流共用输电网络的输电价格,采用"准许成本+合理收益"的办法核定价格。2020年2月国家发展改革委修订出台了《区域电网输电价格定价办法》,其中明确:区域电网输电价格,是指区域电网运行机构运营区域共用输电网络提供的电量输送和系统安全及可靠性服务的价格,按照"准许成本+合理收益"方法核定。

（1）准许收入计算方法。

1）区域电网准许收入由准许成本、准许收益和税金构成。

2）准许成本由基期准许成本、监管周期新增和减少准许成本构成。基期准许成本，根据输配电定价成本监审办法等规定，经成本监审核定。监管周期新增和减少准许成本，按监管周期内预计合理新增和减少的准许成本计算。计算方法参照《省级电网输配电价定价办法》执行。

3）准许收益按可计提收益的有效资产乘以准许收益率计算。可计提收益的有效资产，是指电网企业投资形成的输电线路、变电设备以及其他与输电业务相关的资产，包括固定资产净值、无形资产净值和营运成本。

4）税金依据现行国家相关税法规定核定执行。包括所得税、城市维护建设税、教育费附加。

（2）输电价格的计算方法。

区域电网准许收入通过容量电费和电量电费两种方式回收。电量电费随区域电网实际交易结算电量收取，由购电方支付。容量电费按照受益付费原则，向区域内各省级电网公司收取，如图2-1所示。容量电费与电量电费比例计算公式为

容量电费：电量电费=（折旧费+人工费）：运行维护费（不含人工费）

各省级电网公司向区域电网支付的容量电费，以区域电网对各省级电网提供安全及可靠性服务的程度为基础，综合考虑跨区跨省送（受）电量、年最大负荷、省间联络线备用率和供电可靠性等因素确定。计算公式为

各省级电网承担的容量电费比例=$R1$×[该省级电网跨区跨省结算送（受）电量÷Σ区域内各省级电网跨区跨省结算送（受）电量]+$R2$×（该省级电网非同时年最高负荷÷Σ各省级电网非同时年最高负荷）+$R3$×Σ（该省级电网与区域电网各联络线的稳定限额−实际平均负荷）/[2×Σ（区域电网各省间联络线稳定限额−实际平均负荷）]

其中：

$R1$=（区域电网统调机组跨区跨省结算送电量+Σ区域内各省级电网统调机组跨区跨省结算送电量）÷（区域电网统调机组发电量+Σ区域内各省级电网统调机组发电量）或者Σ区域内各省级电网跨区跨省结算售电量÷Σ区域内各省级电网省内售电量

$R2$=$(1-R1)$÷2×区域电网紧密程度调整系数

第二章 我国输配电价改革情况

区域电网紧密程度调整系数反映各区域内省级电网联系的紧密程度。计算公式为

区域电网紧密程度调整系数＝（区域内跨省交易电量÷区域总用电量）÷
（Σ各区域内跨省交易电量÷Σ各区域总用电量）

$$R3=1-R1-R2$$

当区域电网紧密程度调整系数过大导致 $R3$ 为负时，$R3$ 取 0。

相应地

$$R2=1-R1$$

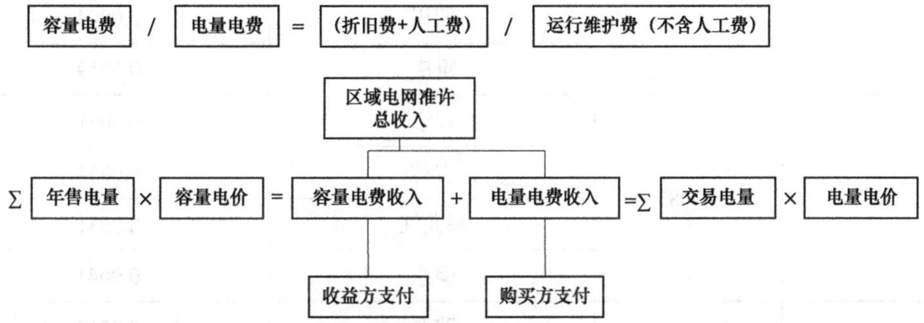

容量电费 / 电量电费 ＝ （折旧费+人工费） / 运行维护费（不含人工费）

Σ 年售电量 × 容量电价 ＝ 容量电费收入 ＋ 电量电费收入 ＝Σ 交易电量 × 电量电价

（区域电网准许总收入）

收益方支付　　购买方支付

各省所承担的容量电费；跨区送受电费、年最大负荷、省间联络线备用率和供电可靠性（联络线稳定限额-实际平均负荷）

图 2-1　区域电网准许收入计算示意图

（3）核定结果。

2020—2022 年监管周期内区域电网输电价格具体核定结果见表 2-3。

表 2-3　　　　2020—2022 年我国区域电网输电价格表　　　元/(kW·h)

区域	电量电价	容量电价	
		单位	水平
华北	0.0071	北京	0.0175
		天津	0.0129
		冀北	0.0048
		河北	0.0035
		山西	0.0011
		山东	0.0018
华东	0.0095	上海	0.0072
		江苏	0.0034
		浙江	0.0046
		安徽	0.0039
		福建	0.0023

续表

区域	电量电价	容量电价	
华中	0.0100	湖北	0.0015
		湖南	0.0007
		河南	0.0009
		江西	0.0006
		四川	0.0004
		重庆	0.0019
东北	0.0087	辽宁	0.0031
		吉林	0.0034
		黑龙江	0.0031
		蒙东	0.0041
西北	0.0200	陕西	0.0012
		甘肃	0.0029
		青海	0.0017
		宁夏	0.0015
		新疆	0.0009

注 表中电价含增值税，电量电价不含线损。

2. 跨省跨区专项工程输电定价

专项输电工程提供跨省跨区专用输电和联网服务，服务于国家重大能源战略，如"西电东送""疆电外送"，国家按项目逐项核准。跨省跨区专项工程主要服务于远距离大容量输电，是共用网络的必要补充。

按照《跨省跨区专项工程输电价格定价办法（试行）》，跨省跨区专项工程输电价格，是指电网企业提供跨省跨区专用输电、联网服务的价格。

（1）定价机制。

1）新投产跨省跨区专项工程输电价格按经营期电价法核定。经营期电价是指以弥补合理成本、获取合理收益为基础，考虑专项工程经济寿命周期内各年度的现金流量后所确定的电价。多条专项工程统一运营的，电网企业应按工程项目逐条归集资产、成本、收入，暂无法归集的应按照"谁受益、谁承担"原则合理分摊。多条专项工程统一运营并形成共用网络的，按照"准许成本＋合理收益"方法定价。

第二章 我国输配电价改革情况

2）跨省跨区专项工程输电价格形式按功能确定，执行单一制电价。以联网功能为主的专项工程按单一容量电价核定，由联网双方共同承担。容量电费分摊比例以本监管周期初始年前三年联网双方平均最大负荷为基础。结合工程最大输电能力确定，客观反映两端电网接受备用服务的效用。以输电功能为主的专项工程按单一电量电价核定。

（2）核价结果。

2019年省跨区专项工程输电价格核定结果见表2-4。

表2-4　　　　　　　　　　跨省跨区专项工程输电价格

序号	名称	输电价格 电量电价 分/(kW·h)	容量电价 元/(kW·年)	线损率 (%)
1	灵宝直流	4.26	—	1.00
2	德宝直流	3.58	—	3.00
3	锦苏直流	5.5	—	7.00
4	高岭直流	2.5	—	1.70
5	龙政直流	7.4	—	7.50
6	葛南直流	6	—	7.50
7	林枫直流	4.71	—	7.50
8	宜华直流	7.4	—	7.50
9	江城直流	4.17	—	7.65
10	中俄直流	3.71	—	1.30
11	青藏直流	6	—	13.70
12	呼辽直流	4.59	—	4.12
13	阳城送出	2.21	—	3.00
14	锦界送出	1.92	—	2.50
15	府谷送出	1.54	—	2.50
16	辛洹线	—	40	—
17	三峡送华中	4.83	—	0.70

续表

序号	名称	输电价格 电量电价 分/(kW·h)	容量电价 元/(kW·年)	线损率 (%)
18	长南荆特高压交流	3.32	—	1.50
19	天中直流	6.58	—	7.20
20	向上直流	6.2	—	7.00
21	宾金直流	4.95	—	6.50
22	宁东直流	5.35	—	7.00
23	灵绍直流	7.14	—	6.50
24	祁韶直流	7.01	—	6.50
25	扎青直流	3.18	14.77亿元/年	7.00
26	锡泰直流	8.42	—	7.00
27	雁淮直流	7.48	—	7.00
28	吉泉直流	8.29	—	7.00
29	昭沂直流	5.9	—	6.05

注 自2018年9月1日起执行。

目前，南方电网公司区域都按专项工程输电价格核定，都采用一部制电量电价。2018年至2019年南方电网公司范围内的专项工程输电价格见表2-5。

表2-5　　　南方电网公司范围"西电东送"专项工程输电价格

序号	名称	电量电价[分/(kW·h)]	线损率(%)
1	云南送广东	8.02	6.57
2	贵州送广东	8.02	7.05
3	云南送广西	5.72	2.98
4	贵州送广西	5.72	3.47
5	天生桥送广东	6.32	5.63
6	天生桥送广西	4.02	2.00

3. 西电东送"网对网"送电及输电价格形成机制

从交易主体之间的关系考察,西电东送交易机制可分为"网对网"和"点对网"两类。以2016年为例,"网对网"送电量约占到2/3。下面详细介绍"网对网"交易价格的形成机制。

(1)"网对网"送电以框架协议为主、临时交易为辅。

西电东送"网对网"交易包括云南、贵州送广东以及云南送广西交易。近年来,"网对网"送电采用以政府间框架协议下的长期及年度合约交易为主、短期及临时交易为辅的交易机制。2016年,增量交易占"网对网"交易总量的10%左右,且均为云南水电。

送、受电省政府在中央政府组织协调下,以5年为周期,签订中长期框架协议,再由送、受电省级电网企业、超高压输电公司据此签订年度合同。

短期合约交易是送、受电双方根据电力供需形势的变化,协商签订季度、月度的电能交易合同。临时交易是送、受电双方事先授权电网调度机构根据较短时间内电网的供需情况和电网调剂余缺、错峰等方面的实际需要,未纳入计划,随时发生的电能交易。随着南方区域电力市场的建设和完善,短期已采用由云南水电企业在广州交易中心挂牌的交易方式。

(2)"网对网"送端价格主要采用倒推机制确定。

"网对网"送端价格主要采用倒推机制确定,但协议电量和增量交易价格稍有一些差异。

框架协议落地价格基于受电省主力电源政府管制价格确定,送电价格根据落地价格倒推。具体由送、受两省政府指导购、售电企业协商确定。其中,广东落地电价,按不高于广东燃煤机组标杆上网电价为原则确定,扣除中间偏电价格(包括跨省输电价格和送电省收取的过网费)后确定送端上网电价。

协议外增量电量交易价格参照两地市场化电量均价确定。根据《南方城跨区跨省月度电力交易规则(试行)》,云南送广东协议外电量送受电价市场化规则形成。在实际执行中,因规范的市场尚未建成,协议外电量的"市场价格",即西部发电企业在广州交易中心的挂牌价格,由两地政府组织协商,按广东市价(月度交易平均值)与云南市价(月度交易平均值)以及偏电费的算术平均值确定。

(3)"网对网"输电平均价格按经营期方法分价区核定。

西电东送跨省输电价和线损电价由国家发展改革委核定。第一次核定时间为

2002年,采用了对每一条线路按经营期方法分别定价的模式。2011年国家发展改革委开展第一次成本监审,因当时"网对网"送电线路已形成一定网络,改为分价区定价,分为"云、贵送广东"和"云南送广西"两个价区,"点对网"送电线路仍实行单线定价。2015年国家发展改革委根据2014年成本监审结果,以西电东送主网架为整体,采用全电量核算,核定"云南、贵州送广东"输电价为每千瓦时8.2分,"云南、贵州送广西"输电价为每千瓦时59分,均较之前输电价格每千瓦时降低了0.91分。

4. 省级电网输配电价

按照《省级电网输配电价定价办法》,省级电网输配电价是指省级电网企业在其经营范围内为用户提供输配电服务的价格。省级电网输配电包括三个方面:输电、变电、配电。其中输电是指电能的传输,通过输电,把发电厂和负荷中心联系起来;变电是将电压由低等级转变为高等级或由高等级转变为低等级的过程;配电则是消费电能地区内将电力分配至用户的分配手段,直接为用户服务。220kV及以上为输电网;110kV及以下为配电网。

国内各省已按照上述方法核定了第二监管周期的省级电网输配电价。

第二监管周期的各省级电网输配电的大工业用电、一般工商业及其他用电价格核定结果见表2-6和表2-7。

表2-6　　　　　　　　　　　　大工业用电输配电价表

电网区域			大工业用电 [元/(kW·h)]						
			不满1kV	1~10kV	20kV	35kV	110kV	220kV	330kV
国家电网公司	华北	北京		0.2042		0.1837	0.1594	0.1579	
		天津	0.3815	0.2243		0.1899	0.1753	0.16	
		山西		0.1136	0.1136	0.0836	0.0586	0.0386	0.0386
	华东	上海	0.2484	0.229	0.229	0.1797	0.1519	0.1519	
		江苏		0.1764	0.1664	0.1514	0.1264	0.1014	
		浙江		0.1772	0.1572	0.1472	0.1272	0.1102	
	华中	湖南		0.1963		0.1673	0.1393	0.1153	
		江西		0.1735		0.1585	0.1435	0.1335	
		重庆		0.1838	0.1838	0.1555	0.1332	0.1132	

续表

电网区域			大工业用电 [元/(kW·h)]						
			不满1kV	1~10kV	20kV	35kV	110kV	220kV	330kV
国家电网公司	东北	吉林		0.1685		0.1535	0.1385	0.1235	
		黑龙江		0.168		0.1468	0.1342	0.1092	
		蒙东		0.1734		0.1664	0.127	0.104	
	西北	陕西		0.1054	0.1054	0.0854	0.0654	0.0604	
		陕西榆林		0.0880		0.0680	0.0480		
		甘肃		0.0978		0.0838	0.0718	0.0608	
		宁夏		0.1108		0.0958	0.0808	0.0658	0.0578
		青海		0.0859		0.0759	0.0659	0.0659	0.0559
		新疆		0.1305		0.1223	0.1105	0.0938	
南方电网公司		云南		0.1459		0.1229	0.0791	0.0611	
		海南		0.1867		0.1332	0.1315	0.1217	
		广东		0.1074	0.1074	0.0386	0.0386	0.0212	

表2-7 工商业及其他用电输配电价表

电网区域				工商业及其他用电 [元/(kW·h)]					
				不满1kV	1~10kV	20kV	35kV	110kV	220kV
国家电网公司	华北	北京		0.406	0.3891		0.3649	0.3181	0.2781
		天津		0.2653	0.2577		0.1968	0.1351	0.1351
		河北	单一制	0.1809	0.1659		0.1559	0.1559	0.1559
			两部制		0.1694		0.1544	0.1394	0.1344
		冀北	单一制	0.1374	0.1224		0.1124	0.1124	0.1124
			两部制		0.1287		0.1137	0.0987	0.0987
		山东	单一制	0.1993	0.1855		0.1717		
			两部制		0.1809		0.1619	0.1459	0.1169

续表

电网区域				工商业及其他用电 [元/(kW·h)]					
				不满1kV	1~10kV	20kV	35kV	110kV	220kV
国家电网公司	华北	山西		0.1456	0.1256	0.1256	0.1106		
	华东	上海	单一制	0.2943	0.251	0.251	0.2094		
			两部制	0.1677	0.1439	0.1439	0.1216	0.0969	0.0969
		江苏		0.236	0.211	0.201	0.186		
		浙江		0.2611	0.2303	0.2141	0.206		
		安徽	单一制	0.2065	0.1915		0.1765		
			两部制		0.1763		0.1513	0.1263	0.1013
		福建	单一制	0.175	1.155		0.135	0.115	0.095
			两部制		0.1523		0.1323	0.1123	0.0923
	华中	湖北	单一制	0.2294	0.2094	0.1894	0.1894		
			两部制		0.1454	0.1256	0.1256	0.1075	0.0885
		湖南		0.2565	0.2365		0.2165	0.1965	
		江西		0.1806	0.1656		0.1506		
		河南	315kV·A以下	0.2126	0.1851		0.1583	0.1316	
			315kV·A及以上		0.2052		0.1892	0.1712	0.1612
		四川	单一制	0.2734	0.2511		0.2288		
			两部制		0.1626		0.1355	0.0958	0.0668
		重庆		0.2583	0.2383	0.2383	0.2183	0.2033	
	东北	辽宁	单一制	0.2501	0.2384	0.2346	0.2249		
			两部制		0.1237	0.1189	0.1072	0.0924	0.0807
		吉林		0.3041	0.2891		0.2741		
		黑龙江		0.3161	0.3061		0.2961	0.2761	
		蒙东		0.3984	0.3613		0.2756		

续表

电网区域			工商业及其他用电 [元/(kW·h)]					
			不满1kV	1~10kV	20kV	35kV	110kV	220kV
国家电网公司	西北	陕西	0.1851	0.1651	0.1651	0.1451		
		陕西榆林	0.2265	0.2065		0.1865		
		甘肃	0.3065	0.2965		0.2865		
		宁夏	0.2096	0.1896		0.1696		
		青海	0.1655	0.1605		0.1555		
		新疆	0.1737	0.1737		0.1667		
南方电网公司	广西	单一制	0.3184	0.3034	0.3034	0.2884		
		两部制		0.27	0.27	0.1243	0.0993	0.0471
	云南		0.1411	0.1311		0.1211		
	贵州	单一制	0.2791	0.2525	0.2525	0.2335		
		两部制		0.1616	0.1616	0.1271	0.0905	0.0657
	湖南	100kV·A以下	0.3062	0.2831				
		100kV·A以上		0.1867		0.1332	0.1315	0.1217
	广东		0.1995	0.1834	0.1834	0.1741	0.1741	
其他区域	蒙西	单一制	0.1647	0.1375		0.1225		
		两部制		0.0885		0.0735	0.0615	0.0545

5. 地方电网和增量配电网配电定价

2016年10月11日，国家发展改革委、国家能源局发布了《有序放开配电网业务管理办法》（简称《办法》）。《办法》明确：按照管住中间、放开两头的体制架构，结合输配电价改革和电力市场建设，有序放开配电网业务，鼓励社会资本投资、建设、运营增量配电网，通过竞争创新，为用户提供安全、方便、快捷的供电服务。

国家发展改革委《关于制定地方电网和增量配电网配电价格的指导意见》（试行）明确，配电网区域内电力用户的用电价格，由上网电价或市场交易电价、上一级电网输配电价、配电网配电价格、政府性基金及附加组成。用户承担的配电网配电价格与上一级电网输配电价之和不得高于其直接接入相同电压等级对应的现行省级电网输配电价。

（1）定价机制。

我国地方电网和增量配电网的配电价格定价方法按照确定投资主体方式的不同分为两类：一类是对于采用招标定价法确定的配电网项目，竞标主体在申报配电价格之外，应同时作出投资规模、配电容量、供电可靠性、服务质量、线损率等承诺。政府相关主管部门对合同约定的供电服务标准等进行监管和考核，没有达到约定标准的，相应核减配电价格。另一类是对于非招标方式确定投资主体的配电网项目，可以选择准许收入法、最高限价法和标尺竞争法三种定价方法中的一种或几种方法确定配电价格。对于同一类型配电网，应选择相同定价方法。

（2）非招标定价方法。

对于非招标方式确定配电价格可以选用以下的一种或几种方法：

1）准许收入法。省级价格主管部门在能源主管部门确定配电网规划投资及项目业主确定投资计划后，参照《省级电网输配电价定价办法（试行）》（发改价格〔2016〕2711号）。核定配电网企业监管周期内的准许成本、准许收益、价内税金，确定监管周期内的年度准许收入，并根据配电网预测电量核定监管周期的独立配电价格。

2）最高限价法。先按照"准许成本＋合理收益"的方法测算某个配电网的配电价格，再参照其他具有可比性的配电网配电价格，结合供电可靠性、服务质量等绩效考核指标，确定该配电网的配电最高限价。

3）标尺竞争法。先按照"准许成本＋合理收益"的方法测算某个配电网的配电价格，再按测算的该配电，网配电价格与本省其他配电网配电价格的加权平均来最终确定该配电网的配电价格。

三、相关问题探析

科学合理的输电定价机制是构建公平开放电力市场的基础，应该尽量准确反映不同用户对电网的使用和受益情况，以产生准确有效的激励信号，引导电力系统的合理规划和安全、经济运行。下面针对当前电力体制改革中面临的若干输配电价问题进行探讨。

1. 适应区域市场交易的跨区输电定价问题

我国能源资源与能源需求逆向分布的特征决定了进行大范围跨省跨区输电成为必

要，而科学合理的跨省跨区输电价格机制对推动西电东送国家战略落地、实现电力资源全局优化配置具有关键作用。当前跨省跨区输电定价面临着以下两个主要难点：

（1）如何公平合理地分摊跨省跨区电力交易引起的输电服务费用？

各省级电网通过跨省跨区联络线形成了覆盖更大范围的互联网络。对每一个省级电网而言，通过跨省区联络线与其他省级电网互联后，省内电网可能充当跨省输电通道的中间一环为其他省份传输电能，省内用户也可能使用其他相连省的省级电网进行跨省区输电服务。因此，根据"谁受益，谁承担"的原则，用户应承担的输电费用理论上应该包括三个部分：本省区的输配电费用、跨省区联络线分摊费用、其他相连省电网分摊费用。不同用户对这三部分网络的使用程度不同，而电力潮流的不可跟踪性往往导致用户对电网的使用程度难以准确计算。

（2）如何避免跨省跨区输电价格机制影响省区间资源配置效率？

跨省区电力交易能够促进资源在更大范围优化配置，有助于提升整体社会福利。若存在市场化交易需求的跨省跨区输电价格按照单一电量制执行，将形成类似"关税"的省区间价格壁垒，既不利于送出省份的优质清洁能源消纳，还将损害整体社会福利。

从国外的实践经验看，欧洲跨区输电线路补偿机制为解决上述问题提供了一些借鉴思路。欧洲跨区输电线路补偿机制的目标是补偿因跨区输电而产生的费用：一部分是各输电网运营商（transmission system operator，TSO）因跨区输电而引起的输电网络损失成本；另一部分是用于建设跨区输电的公共设备的成本。该机制采用潮流比较的方法计算不同国家因跨区输电引起的额外输电网损成本，然后按照不同国家进口电能与出口电能差的绝对值分摊总的网损成本和跨区输电线路的成本，再将分摊到的成本纳入各个国家电网公司的准许收入中，按照各个国家内部的输配电定价方法分摊给实际电网用户。在这种定价方法中，各地区用户承担的输电价格水平只与用户所在位置有关，而与用户在电力市场交易的对手方无关，因此既在一定程度上保证了定价的公平性，又不会影响跨区交易。

结合国外成熟市场的运作经验和我国电力市场改革情况，未来涉及不同省级电网间用户市场化交易的输电价格可考虑将跨省区联络线的全部成本分摊至相关省级电网，通过省级电网输配电价进行回收，而不再单独针对跨省区交易用户收取输电费用。进一步地，还可以根据用户所在的不同位置制定带有位置信号的输配电价。从经济性角度看，跨省区联络线成本与跨区交易情况不再直接挂钩，且事先明确了费用承担对象，能够确保相关线路成本的回收；从公平性角度看，无论是否参与跨省区交易，相关省份的用户都可能用到跨省区交易电量，因此也理应承担跨区域输电费用；从激励性角度看，对于市场化交易频繁的区域电力市场，取消跨省区输电单独定价，可以显著弱化省区间交易壁垒，从而促进更大范围的资源优化配置。

2. 增量配电网定价问题

增量配电价格核定是增量配电网业务放开的关键点，对规范增量配电网投资运营至关重要。当前，我国已出台了一系列涉及增量配电定价机制的配套文件，鼓励各地结合本地实际采用招标定价法、准许收入法、最高限价法、标尺竞争法等方法核定独立配电价格，为进一步推进增量配电业务提供了规范性的政策支撑。从目前的试点情况来看，各地方在增量配电定价方面多采用最高限价管理方法，按照"用户和增量配网接入的电压差所对应的省级公共网络输配电价差"作为暂行配电价格；按照接入电压等级的大工业用电或一般工商业用电的电价水平向省级电网缴纳输电费用。随着增量配电业务改革深入推进，在增量配电网定价中需要关注以下几个问题。

（1）在分摊省级电网成本方面，如何体现公平性和提高效率？

一是部分增量配电网通过主网投资的专用线路接入公共网络，若该线路成本由全网用户共同分摊，则会存在一定的不公平性。

二是若同一价区内不同位置的增量配电网按照相同的价格标准缴纳输电费用，则不能引导增量配电网新用户向低边际输配电成本的地区转移，不利于提高现有网络设备资产利用效率。

三是随着增量配电网内分布式电源和可再生能源的发展，未来省级输电网络对增量配电网提供更多的可能将是备用服务，若增量配电网与省级电网仅通过电量来进行结算，将难以体现该部分价值。

（2）在增量配电定价方面，如何妥善处理交叉补贴问题？

由于我国的省级电网输配电价中存在不同电压等级和不同用户间的交叉补贴，若增量配电定价中不能合理反映相关用户应承担的交叉补贴，则会导致同类用户仅因是否接入增量配电网而承担不同的补贴义务而带来公平性问题。

增量配电网定价问题具有鲜明的国情色彩，难以从国外的实践中获取直接经验，未来可以考虑从以下几个方面进行改进。

一是设计反映位置信号的输配电价格机制，对不同地区的增量配电网执行差异化的输配电价格，引导增量配电网和电力用户合理选址。

二是以容量费用方式合理补偿省级电网向增量配电网提供的输配电、备用等服务成本。

三是在交叉补贴尚未消除的前提下，统筹计算省级电网和增量配电网的准许收入和交叉补贴总额，并分摊至所有应承担交叉补贴的用户。

对于相同类型的省级电网用户和增量配电用户而言，其配电价格可以不相同，但是承担的交叉补贴水平一样。

3. 分布式发电过网费定价问题

以风光等新能源为主的分布式发电具有间歇性和随机性的特点。分布式电源大规模接入后，一方面将增加系统稳定运行成本，另一方面电量替代效应还将显著降低输配电设备的利用效率。这给分布式发电的过网费定价带来了难度。

（1）如何准确反映输配电用户对系统的使用程度？

常用的几种输配电定价方法（如兆瓦公里法、边际成本法等）需要计算输配电服务用户对电网使用程度，通常以一个或两个典型状态的潮流为基础进行计算。分布式电源接入后导致的系统状态不确定性增加意味着典型状态的选取难度加大，增加了定价的复杂性，在实施时也容易引起争议。

（2）如何反映上级电网对分布式发电及相关用户的服务价值？

分布式电源的随机性和波动性，决定了需要上级电网提供充足的容量备用，才能满足可靠供电要求。若分布式发电过网费只按照其所涉及的电压等级缴纳，则难以反映出上级电网的备用价值。

从国外实践情况看，普遍做法是采用考虑多种系统状态的定价机制，基于多种不同的系统状态确定输配电价，并通过容量电价来反映上级电网的备用价值。例如，英国在改进的输电定价方法中，考虑了包括可再生能源在内的不同发电技术对输电成本的影响，对输电定价时考虑的系统状态进行了改进，考虑了峰荷安全场景和全年场景两种典型系统状态。

结合国外经验和我国电力市场化改革情况，在制订适应我国分布式发电过网费定价方面，可以考虑通过两部制或多部制的电价机制来体现上级电网对分布式发电的支撑作用，以固定电价或容量电价方式回收并网成本和反映上级电网的备用价值。

4. 交叉补贴问题

当用户的电价低于供电成本而由其他用户承担时就会形成电价交叉补贴。在这种定义中，供电成本是补贴形成的基准。但是在电网中，各个用户在电网中存在位置差异，设备造价、损耗、无功补偿、维护费用也不尽相同，因而损耗及维护成本也会有较大差异，所以单户供电成本实际上是无法核定的，也是没有意义的。"交叉补贴"是在政府定价体系条件下，针对部分非营利性、民生保障性用户的一种售电补贴政策，应当由政府根据被补贴用户的数量、电量和类别确定补贴原则和补贴额度，直接通过财政渠道补贴，而不是通过电价的形式进行补贴。

从理论上分析，居民用户的输配电价应该高于工商业用户的输配电价，工商业用户的销售电价也应小于居民用户的销售电价。为减轻居民用户缴纳电费的压力，我国实行交叉补贴，由工商业用户补贴居民用户的电价。电力公司是电费的核算中心，各电压等级的电价并不单独核算，居民用户虽然是交叉补贴的主体，但是补贴的电量规模、补贴的费用均十分模糊。由于用户侧的售电价格是政府定价，价格与成本是脱钩的，售电价格无法反映出成本变化，也无法实现电价传导。

（1）我国交叉补贴现状。

在我国电价体系中，长期以来存在着不同用户、不同电压等级、不同地区间的交叉补贴问题。不同用户之间的交叉补贴通常表现为工商业用户对居民和农业用户的补贴；不同电压等级之间的交叉补贴通常表现为高电压等级用户对低电压等级用户的补贴；不同地区之间的交叉补贴则更为复杂，既有经济发达省份对欠发达省份的补贴，也有同一省内富裕地区（市县）对贫困地区（市县）的补贴，甚至还有城乡之间的交叉补贴。各种交叉补贴交织在一起，形成了我国电价繁杂的交叉补贴现状。

根据全国层面上历年的工业与居民电价与用电量初步匡算得出 2006—2019 年全国工业与居民用户间交叉补贴总额的下限值与交叉补贴率（即单位工业电价中交叉补贴所占的比例）。

如图 2-2 所示，自 2006 年以来，我国的电力交叉补贴总额均较高，2006—2017 年一直在稳定提升，但是在 2018 年开始出现了转折。我国电力交叉补贴额总体呈现出倒 U 形趋势，但数值仍然偏高。其中很重要的原因在于：居民用电价格近年来基本保持不变，而居民用电占比在不断提升。因此，尽管自 2015 年实施供给侧结构性改革以来的一系列举措，适当降低了工商业电力交叉补贴水平，但随着居民用电占比逐年提高，交叉补贴总体规模依旧较高。

我国交叉补贴的现状对输配电价核算提出了挑战，但同时也对新一轮的输配电价改革以及进一步降低工业用电成本提供了空间。对于输配电价核算而言，不同类型交叉补贴交织带来的成本核算与分摊难题在于分清不同用户间、不同电压等级间、不同地区间等各项交叉补贴。并且，我国的交叉补贴改革与输配电价核算，是与其他电力体制改革措施同步推进，由此有利于提出交叉补贴改革与合理输配电价核算的可能路径。

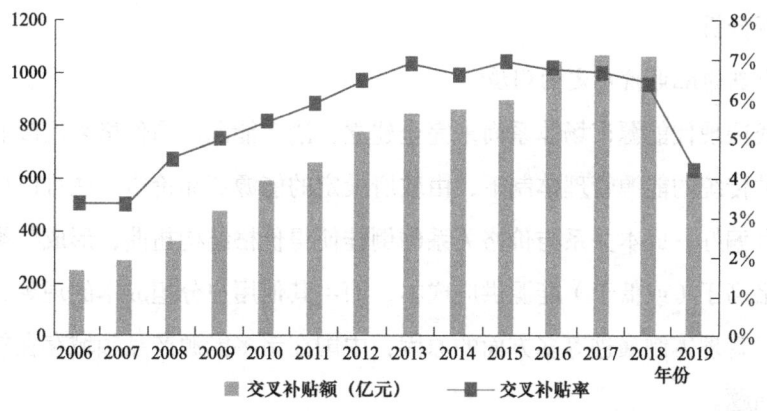

图 2-2　2006—2019 年全国工业与居民用户的电力交叉补贴变化趋势

自 2015 年中国电力体制改革"9 号文"发布以来，改革电价形成机制与推进市场化进程成为新一轮改革的核心。优化电力价格形成机制并最终形成反映电力商品属性的合理电价，确定合理的输配电价水平是其中的关键问题之一。

近几年，国家发布了一系列推进输配电价改革的实施办法，包括输配电定价成本监审办法、各级（区域、跨省跨区、地方电网增量配网等）输配电价的定价办法、开展电网输配电定价成本监审等，并于 2020 年 1 月发布了区域与省级电网输配电价定价办法。

确定合理的输配电价需要诸多信息，如历史成本的监审、企业运行的内部成本梳理、未来电网投资的预测等。基于电力体制改革的总体思路，当前的输配电价改革取得了积极的成效，在顶层设计、激励约束机制、输配电价核定等方面取得了显著的进展。

但同时，尤其是在 2019 年 12 月的中央经济工作会议上明确表示"要降低企业用电成本"，2020 年 2 月国家发展改革委发布《关于阶段性降低企业用电成本支持企业复工复产的通知》等政策背景下，输配电价改革中仍然存在需要完善深化制度设计、强化激励约束机制、进一步进行输配电价改革与设计的空间。

在中国的电力发展历程及制度背景下，进行输配电价改革中，需要特别关注的一个重要方面即是对于交叉补贴的识别测量。交叉补贴的有效识别对于确定合理的输配电价意义重大，交叉补贴不但可以厘清已发生成本中的有效归属，还可以对于企业投资收益的合理判断提供有效参考。

因此，在电力体制改革"管住中间、放开两头"的大框架下，结合"准许成本＋合理收益"的核定原则，从我国交叉补贴的现状分析、改革思路及对输配电价的影响等角度进行分析。

（2）合理输配电价确定的困境。

当前我国现代能源市场体系尚未完全建立，诸多能源产品价格采用政府定价的方式。在这种传统的能源管理体制下，由政府设定的能源产品价格往往难以反映生产成本和消费者偏好，成本关系与价格关系的倒挂使得价格结构扭曲，形成某类用户支付的能源价格高于（或低于）能源供应成本，而由其他用户分担成本的现象，即为交叉补贴。由于管理体制演进等多方面的原因，中国在诸多能源产品领域存在较为严重的交叉补贴问题。

根据国际能源署、经济合作与发展组织（简称经合组织，OECD）（2005年）的报告，OECD国家平均居民电价与工业电价之比为1.7∶1，全世界主要国家中，只有印度、俄罗斯与中国的居民电价低于工业电价。

当前，印度政府正在采取措施减少交叉补贴的程度，从2007到2015年间，农业与居民用电的价格增加了138%，而同期工业用电价格仅增加47%，并在实施过程中引入了累进电价。

另外，印度政府还于2014年通过了对2003年《电力法》的电费修正案，其目的在于在印度全境取消电力部门间的交叉补贴，并要求每个邦的电力监管部门明确给出减少交叉补贴的时间表，以期在印度全境消除电力部门间的交叉补贴。俄罗斯也于2011年制定了电力价格改革路线图，进行了较为激进的电力价格改革，但在实际操作过程中遇到了较大障碍。

我国电力市场广泛存在的交叉补贴不但阻碍了资源优化配置，还带来了效率与社会福利损失。如果对电力市场中工业和居民用户进行分析，从工业用电来说（见图2-3左图），当交叉补贴使得工业电价高过其成本时，工业企业通过降低用电量来获取生产者剩余，但此时全社会消费者剩余的下降大于生产者剩余的增长，从而带来社会福利损失 M。

从居民用电来说（见图2-3右图），当交叉补贴使得居民电价过低时，居民用户会增加电力消费从而浪费电力，进而造成社会福利损失 N。因此，降低交叉补贴既是推动经济健康稳定发展的必然选择，也是增进人民福祉的必然要求。

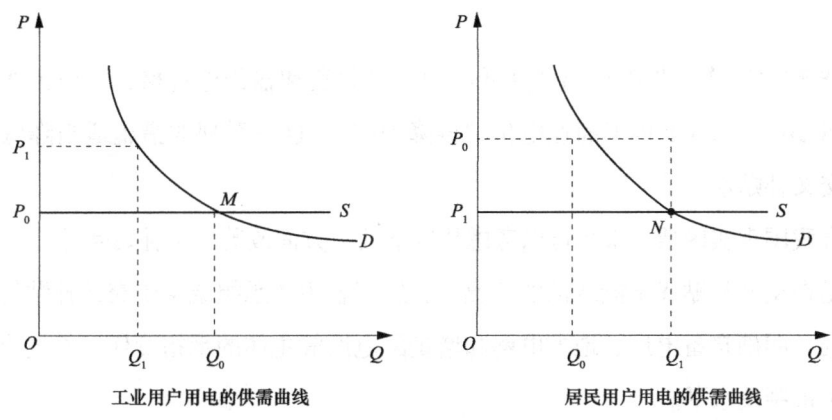

图 2-3　合理市场定价下交叉补贴的社会福利损失

经济学家保罗·希尔德（Paul Sheard）（1997年）给出了一个关于交叉补贴的类型学分析，他定义了8种类型的交叉补贴。根据希尔德对交叉补贴的定义与分类，我国电价中的交叉补贴主要包括：

一是不同地区之间的用户的交叉补贴，主要是发达地区用户对欠发达地区用户的补贴，城市用户对农村用户的补贴；二是不同电压等级用户之间的交叉补贴，主要为高电压等级用户对低电压等级用户的补贴；三是不同类型用户之间的交叉补贴，主要是大工业和一般工商业用户对居民和农业用户的补贴；四是不同负荷特性用户之间的交叉补贴，主要为高负荷率用户补贴低负荷率用户。

更复杂的是，各类交叉补贴之间还存在交织与重叠，这进一步造成交叉补贴无法准确测算及不同交叉补贴总规模的核算存在巨大差异，最终给政府监管者制定合理输配电价核算标准带来巨大挑战，也使得某一具体的核算标准难以具有一般化的普适性。

自2015年实施供给侧结构性改革以来，中央一系列政策凸显了解决与妥善处理中国电价交叉补贴问题的决心。2015年底，中央经济工作会议确定了降低工业企业用能成本以及推进市场化改革的目标，以便切实落实降低企业负担的方针，因此减少交叉补贴、降低工业企业电力价格成为降低工业用能的切实有效手段。2017年政府工作报告提出的"三去一降一补"，其中的核心内容之一仍然是降低工商业电价。

2017年7月，国家发展改革委指出，我国价格市场化改革的下一步工作之一即为"妥善处理交叉补贴问题"。2017年11月，国家发展改革委发布的《关于全面深化价格机制改革的意见》明确指出要"研究逐步缩小电力交叉补贴，完善居民电价政策"。

2018政府工作报告中提出"降低电网环节收费和输配电价格,一般工商业电价平均降低10%"、2019年工商业电价"再降10%"。这一系列的措施适当降低了工商业用电交叉补贴水平。

结合我国现实国情,未来可以考虑从以下几个方面改善交叉补贴问题。

一是在交叉补贴尚不能取消的情况下,厘清各主体承担或享受交叉补贴的权责及相应标准。明确自备电厂、地方电网和增量配电网等主体的承担责任,并规范其交叉补贴承担机制及水平。

二是改"暗补"为"明补",逐步减轻直至取消交叉补贴。前期,厘清各类用户承担的交叉补贴额度,由"暗补"转变为"明补";中期,逐步减少交叉补贴额度,并对减少部分通过征收电力普遍服务基金的方式进行补偿;远期,完全取消交易补贴,通过电力普遍服务基金为无法承担新核定电价的低收入居民用户提供补助。

本节小结

我国电价的改革方向是管住中间、放开两头,输配电环节由于其自然垄断属性,属于政府定价范畴。目前,我国的输配电价体系覆盖了区域电网输电价格、跨省跨区专项工程输电价格、省级电网输配电价、地方电网输配电价和增量配电网配电价格等多个层面。

区域电网输电价格的特点是采用电量价和容量价两部制电价的形式。电量电费反映区域电网输电服务的成本,容量电费反映为省级电网提供可靠供电、事故备用等服务的成本。

跨省跨区专项工程输电价格按经营期电价法核定,执行单一制电价。省级电网输配电价定价方法的基本原理是邮票法,价格按电压等级核定,准许收入按照各电压等级的用电量分摊。

地方电网和增量配电网的配电价格定价方法按照确定投资主体方式的不同分为招标定价法和非招标定价。对于非招标方式确定投资主体的配电网项目,可以选择准许收入法、最高限价法和标尺竞争法三种定价方法中的一种或几种方法确定配电价格。

电力市场化改革的逐步深入推进,对未来的输配电定价机制也提出了新的适应性要求。借鉴国外经验,并结合我国现实国情,在跨省跨区输电定价方面,未来可以考虑将跨省区联络线成本全部分摊至相关省级电网,不再单独针对跨省区市场化交易制定输电价格；在增量配电网定价方面，未来可以考虑设计反映位置信号的输配电价格机制，并以容量费用的方式反映省级电网的输配服务、备用服务等成本；在分布式发电过网费方面，未来可以考虑以两部制或多部制的电价来体现上级电网对分布式发电的支撑作用；在交叉补贴方面，未来可以考虑将改"暗补"为"明补"，逐步减轻直至取消交叉补贴。

第二节 输配电价概述

在电力系统的发、输、配、售四个环节中，输配环节由于存在规模经济性，属于自然垄断环节，因此，输配电价格需要受到政府规制和监管。输配电价是电价体系中的重要组成部分，也深刻影响电能量市场的运营，科学合理的输配电定价是电力市场公平竞争的基础。本节从管制定价理论、输配电价结构和价格形成等方面对输配电定价机制进行介绍。

一、输配电价管制方法

计划与市场是配置资源的两种基本手段，关于政府与市场的分工问题一直以来是经济学研究中争论不休的话题。在市场经济环境下，市场通过"无形之手"能实现资源的优化配置，然而市场也不是万能的，在自然垄断和存在信息不对称的领域，市场并不能有效地发挥作用，从而可能导致资源配置缺乏效率，这种现象称为市场失灵。当出现市场失灵时，政府就需要干预市场，以矫正和改善市场机制存在的缺陷，优化资源配置，治理市场的失灵。政府干预市场的活动被称为管制，管制内容包含市场准入、投资规划、价格制定、福利分配等多个方面。其中，对价格的管制是其核心内容。

电力行业的输配电环节具有规模经济效益，具备典型的自然垄断属性。电力传输又具有电力潮流的非线性分布等物理特性，导致难以准确衡量用户使用电网的程度，因此，输配电价一般需要政府管制定价。

1. 投资回报率管制

投资回报率管制是一种针对垄断行业价格管制的传统管制方法，其主要思想在于补偿企业投资成本的同时给予公平合理的回报，管制部门通过设定企业投资回报率来调整利润，从而调控价格。其实质是政府、企业及消费者就企业投资回报率（return on investment，ROI）达成共识而签订的一种合约。

投资回报率是指通过投资而应返回的价值，即企业从一项投资活动中得到的经济回报，是衡量一个企业盈利状况所使用的比率，也是衡量一个企业经营效果和效率的一项综合性指标。计算公式如下：

$$ROI = \frac{M}{I} \times 100\% \qquad (2-1)$$

式中：M 为企业税前年利润；I 为企业投资总额。

投资回报率管制方法的管制对象主要是企业的投资回报率而非价格，只要企业的投资回报率不超过规定值，则企业的价格可以自由确定。管制模型如下：

$$R(P,Q)=C+rK \qquad (2-2)$$

式中：$R(P,Q)$ 为企业与价格 P 和数量 Q 相关的收入；C 为企业成本，包括固定资产折旧、运维费用和税收等；K 为企业投资回报基数；r 为投资回报率。

管制模型中投资回报率的制定通常由管制机构综合考虑多方面的因素确定。企业需要向管制机构提供详细的资料以帮助管制机构制定一个接近于"竞争的"或"公正的"投资回报率。管制模型中投资回报基数 K 的确定有多种计量方法，原始资本成本法是其中一种。该方法通过计算企业在厂房、设备等方面的投资作为投资回报基数，但其确定的管制价格可能会受通货膨胀的影响而偏低。

投资回报率管制的优点在于：一方面能保证企业拥有一定的利润继续进行投资扩大再生产，另一方面也能保证消费者不受垄断高价的困扰，是一种能够平衡企业和消费者利益的方便可行的价格管制方法。此外，该方法操作相对简单，易于理解，容易实操。

而这种管制方式的缺点在于：一方面由于投资回报率和投资回报基数的确定并未形成统一认可的方法，对成本和收益率进行评估的合理公平性容易受到质疑，从而增加管制成本。另一方面，在既定的收益率下，被管制企业会选择加大投资以提高产品或服务的价格进而增加企业总收入的策略，会导致被管制企业过度投资且缺乏降低成本、提高生产率的动力，产生所谓的 A-J（Averch-Johnson Effect，阿弗奇-约翰逊）效应。

投资回报率管制应用到输配电领域，也被称为成本加成管制（cost-plus regulation）。管制机构确定电网资产的投资回报率，核定电网的准许成本，然后确定电网企业的最大准许收入（maximum allow revenue，MAR）。最大准许收入由准许成本、合理收益、税金构成，其中合理收益与投资回报率管制模型中的投资回报率有关。这种管制方式在很多国家得到了应用，如澳大利亚、美国等，我国目前采用的"准许成本＋合理收益"的模式实际上也是一种投资回报率管制。

2. 激励性管制

为了克服投资回报率管制在效率激励上的不足，在电力行业放松管制的改革过程中逐渐形成了激励性的管制方法，主要有价格上限管制、收入上限管制、标尺竞争管制和特许投标管制四种方法。

（1）价格上限管制。

价格上限管制的基本思想是如果企业产品或服务价格不会随成本下降而降低，那么企业便有动力缩减成本使得利润增加，从而激励企业提高经营效率。在价格上限管制模式下，管制机构为自然垄断企业设计一个最高价格，企业可以自由地将产品或服务的价格定于这个最高价格之下，企业可以通过最大限度地减少成本来获得最大的利润。价格上限管制的管制模型为

$$P=RPI-X \tag{2-3}$$

式中：P 为最终产品的价格；RPI 为一年的零售价格指数（retail price index），也可以用通货膨胀率代替；X 为生产效率因子，由管制机构确定的在一定时期内企业生产率增长的百分比。

自然垄断企业在某一时期内的管制价格取决于 RPI 和 X 的相对值。如果一个自然垄断企业在当前时期的价格为 P，则下一个周期的管制价格 P_{t+1} 将调整为

$$P_{t+1}=P_t(1+RPI-X) \tag{2-4}$$

管制的目标在于把 X 因素设定于企业在竞争条件下生产率的增长率水平上。如果 X 设定得过低，价格相对于成本就会太高，这就会产生社会福利的无谓损失。如果 X 设定得过高，企业将可能无法收回成本而导致亏损。

与投资回报率管制模式相比，价格上限管制限制的是自然垄断企业的价格，而投资回报率管制限制的是自然垄断企业的利润，这是两种定价管制方式的不同之处。

价格上限管制的优点在于：一方面可以激励企业提升效率。在合理的价格上限内，被管制企业可通过降低成本、改善经营绩效以获取更多利润，避免投资回报率管制模式下的 A-J 效应。另一方面无须频繁调整价格上限。通常可以将 3～5 年作为价格上限调整周期，在价格调整周期内被管制企业可以采用更具弹性的定价方法以应对

市场的竞争，而竞争的结果往往是获得更多的消费者剩余。

而这种管制方式的缺点在于：一方面难以确定生产效率因子。管制者往往在最初设定时都将其设为较小的值，就有可能会出现成本和价格差距太大，影响消费者剩余；同时，生产效率因子经常通过管制者与被管制企业之间的谈判来决定，难以完全避免管制捕获（管制捕获理论：最早由诺贝尔经济学奖获得者乔治·施蒂格勒提出，其内容是政府建立管制起初，管制机构能独立运用权力公平管制，但在被管制者与管制者长期共存中，管制机构逐渐被管制对象通过各种手段和方法所俘虏，管制机构最终会被产业所控制，为少数利益集团谋求超额利润，使真正的守法者损失利益，结果使被监管行业更加不公平，降低整体效率。）的可能性。另一方面，被管制企业存在通过降低服务质量来增加利润的动机。

（2）收入上限管制。

实施收入上限管制，是为了能够对运行成本有效控制，并能够使企业有合理的投资回报。澳大利亚、挪威、菲律宾等国均实践过收入上限管制模式。

收入上限管制模型实际上是由管制机构确定自然垄断企业的垄断业务的最大准许收入（maximum allow revenue，MAR）。它通常包含垄断企业的垄断业务投资计划，然后再按（RPI-X）进行调整，这里的 X 值为生产效率因子，与价格上限模型中的 X 值含义相同。若企业上一监管周期的准许收入为 MAR_{t-1}，则其本期的准许收入 MAR_t 为

$$MAR_t = MAR_{t-1}(1+RPI-X)+Z \qquad (2-5)$$
$$MAR = RV \times WACC + D + O + T \qquad (2-6)$$

式中：$WACC$ 为加权平均资本收益率。RV、D、O、T 分别为资产净值、年折旧费、年运行维护费和年税金。Z 为法律、法规、政策变动等超出被管制企业控制范围的外部因素对价格上限的调整作用，有效避免了外部因素对管制模型稳定性的影响。

可见，最大准许收入由资产回报、运行维护费、折旧、税金等构成，其中资产回报按投资回报率管制模型中的投资回报（即 $r \times R_B$）确定。在该模型下，管制机构根据通货膨胀、技术进步等外在因素，周期性调整和设定收入上限，并要求电网企业的输配电收入不能超过此上限。采用收入上限进行管制期间，管制机构必须考虑受管制企业的收入需求，包括对输配电服务需求的增长预期，资产回报基数的确定，利用资本资产定价模型确定加权平均资本成本等工作。另外，企业还可通过降低成本来最大化自己的利润。

从优点来看，收入上限管制有效结合了投资回报率管制和价格上限管制的优势。不仅可以促进企业提高生产效率，使企业获得稳定回报，还可减轻监管难度，提升监管效率。

从缺点来看，收入上限管制对基础数据要求较高，政府管制成本也较高。

应用到输配电定价领域，英国当前所使用的基于成效的上限激励管制模式，其本质就是一种基于收入上限管制的多目标激励管制模式。该模式称为 RIIO 模式（Revenue＝Incentives+Innovation+Outputs），其根本宗旨是输配电价不仅要反映真实的供电成本，还要反映用户对供电服务的认可程度，管制模型为

$$收入（Revenue）=激励（Incentives）+创新（Innovation）+产出（Outputs） \quad (2-7)$$

该模型的管制内容依旧包含一个收入上限，同时设立了一系列服务标准和目标，对超过标准或目标的部分给予奖励，而对低于标准或目标的部分给予惩罚。

该管制模式从 6 个维度对企业的运营效果进行评估，包括用户满意度、安全性、可靠性与可用性、接网服务、环境影响和社会责任，并结合产出激励和效率激励等一系列激励机制，针对定性和定量测量结果予以奖惩。以英国国家电网为例，用户满意度的变化可增加或减少其 1% 的收入，经常性的断电可减少其 3% 的收入，资产因保养得当而节省了修理、更换费用时，可将节省费用的 2.5% 纳入收入。此外，该管制模式还针对不确定投资等不可控因素带来的收入风险，制定了监管周期内和监管周期间较为灵活的收入调整机制。

该管制模式具有以下特点：

1）收入上限的确定方法考虑了激励机制和调整机制；

2）将电网企业成本降低产生的盈余与消费者共享；

3）有助于电网企业实现风险管控及革新。

（3）标尺竞争法。

标尺竞争法将被管制企业的绩效与相关同类型企业的绩效结合起来比较，每个公司的产品或服务价格不仅基于它自身的成本，同时还由其他可比的公司的成本决定。当某个公司的产品或服务的成本低于其他可比公司，其将获得额外收益，从而促使原本各自独立垄断经营的企业之间进行竞争。在实际应用中，通常将被管制的大规模一体化（比如全国性、跨地区性）垄断企业按区域分布划分为几个地区性企业，实施拆分之后，尽管拆分后的企业仍然具有地区垄断特性，但是每个地区的企业会感到来自同行间比较而形成的一种压力或动力，进而迫使本企业努力提高自己内部效率。标尺

竞争管制模型为

$$P_{i,t} = \alpha_i C_{i,t} + (1-\alpha_i)\sum_{j=1}^{N}(f_j c_{j,t}) \qquad (2-8)$$

式中：N 为同类型的被管制企业个数；$P_{i,t}$ 为企业 i 的管制价格；α_i 为企业 i 的成本在其管制价格中所占的权重；$c_{j,t}$ 为同类型企业的成本；f_j 为同类型企业 j 的成本所占的权重。当 α_i 为 0 时，为纯标尺竞争，企业的管制价格完全取决于其他同类型企业的成本。

在标尺竞争管制情况下，由于价格取决于其他企业的成本，企业要获得较多利润，就必须使它的成本水平低于其他企业的平均水平，从而促使企业竞争性地提高运营绩效。

从优点来看，标尺竞争法有效地减少了管制者对被管制企业信息的依赖，在信息不对称的情况下提供了一个具有普遍意义的解决方案。

从缺点来看，这种方式可能会对被管制企业产生一种类似合谋的激励，被管制企业有动力在某些关键信息方面达成一致协议，从而争取到更理想的管制价格。

（4）特许投标法。

特许投标法的本质在于引入竞争，是一种监管部门通过市场化方式为自然垄断产业配置经营权的市场机制。在满足一定市场准入条件下，多家企业共同竞争自然垄断产业的投资、建设和运营资格等。通常，报价最低一方将获得该特许权。这种管制模式下，通过投标阶段的充分竞争，价格一般能反映合理的成本水平。

从优点来看，特许投标法可以通过竞争的方式发现市场中最低成本供应商，从而增加社会福利。

从缺点来看，这种规制方式也可能导致恶性竞争带来低价低质问题，最终影响消费者权益。

二、输配电价体系

输配电价是输配电服务价值的体现。不同的国家根据自身输配电业务的特点，所执行的输配电价体系有所不同。例如，英国根据电压等级，将输配电价分为输电价、超高压配电价、高压配电价及低压配电价；美国宾夕法尼亚、新泽西、马里兰州（PJM）市场根据输电服务的类型，将输电价格分为点到点的输电服务价格和网络输电服务价格。

从我国的情况来看，2003 年《国务院办公厅关于印发电价改革方案的通知》明确了输电电价和配电电价的概念,并将其统称为输配电价。同时,根据输配电服务的类型,将输配电价格分为共用网络服务价格、专项服务价格和辅助服务价格。2015年《关于进一步深化电力体制改革的若干意见》发布,将"单独核定输配电价"作为新一轮电力体制改革重点任务之一。自此之后,我国依次发布了《省级电网输配电价定价办法》《区域电网输电价格定价办法》《跨省跨区专项工程输电价格定价办法(试行)》和《关于制定地方电网和增量配电网配电价格的指导意见(试行)》系列文件,初步形成了包括区域电网输电价格、跨省跨区专项工程输电价格、省级电网输配电价、地方电网输配电价和增量配电网配电价在内的较完整的输配电价体系。

三、输配电价形成机制

输配电定价的目的是在输配电用户之间科学合理地分摊提供输配电服务的电网公司的准许收入。需要在保证电网公司回收准许收入的前提下,引导电力系统的合理规划和安全、经济运行,保证输配电系统对市场成员的无歧视开放,以及促进电力市场公平竞争。

输配电服务具有自然垄断性且需要满足电力的物理传输规律,其定价机制与一般的商品定价不同,其难点在于:

(1)电力传输服从基尔霍夫电流定律和基尔霍夫电压定律等特殊的物理规律,无法控制和跟踪电力在电网的传输路径,难以准确衡量各用户对电网设备的实际使用程度。

(2)输配电服务具备显著规模经济的特点,具有自然垄断属性,难以按照一般边际成本法定价。

(3)政治、经济方面的约束。不同地区的电网资产关系和运营方式、市场机制、税收政策等存在一定差异,必须考虑各地区的实际情况。结合理论研究和各国实践来看,输配电价形成大致包含以下过程。

1)分析输配电成本构成,核定准许收入。电网企业的准许收入大都基于电网提供输配电服务的准许成本核定,为此需对电网的准许成本的各部分构成进行细致分析,核定准许成本,在此基础上叠加合理收益,形成准许收入。

2)输配电服务准许收入分摊。首先需要明确输配电准许收入的分摊对象;再考虑以适当的分摊方法,将准许收入分摊至各承担对象;在分摊方法中可考虑电力系统的多种运行状态以反映在特定状态下各用户对电网设备的使用程度;此外,还需要考虑网损、剩余成本等相关问题的处理。目前我国省级电网输配电定价主要采用邮票法来分摊准许收入，分摊对象主要考虑了电压等级、用户类别等。

3）价格计算，按一定形式形成最终的输配电价。即将输配电服务准许收入分摊结果根据不同的用户类型和负荷特点，形成一部制、两部制或多部制的输配电价。

四、输配电价调整机制

在输配电价形成后，需要根据影响输配电价水平主要因素的最新变化情况，适时调整输配电价。输配电价调整机制包括监管周期间调整和监管周期内调整两种。其中，监管周期间调整是指在一个监管周期结束后，通过对投资的审核、成本监审以及关键性指标的考察，对输配电成本进行重新审定，以使输配电价反映变化的实际情况，调整下一监管周期的准许收入。监管周期内调整机制是指在监管期内由于一些相对不可控因素（如电量预测偏差）导致实际准许收入与批复的准许收入存在差额，从而要对电网企业的收入进行调整的机制。

当前，我国的输配电定价相关政策文件提出了输配电价的调整机制。如2016年发布的《省级电网输配电价定价办法（试行）》明确指出："对于在监管周期内电网企业新增投资、电量变化较大的，可以在监管周期内对各年准许收入和输配电价进行平滑处理。情况特殊的，可在下一个监管周期平滑处理。"平滑机制包括两种：一是周期内的平滑，是指对监管周期内剩余各年的输配电价进行调整，而并非只对下一年的输配电价进行调整；二是跨周期的平滑机制，是指若监管周期内调整机制调整幅度较大，会对社会稳定构成影响的，可考虑在下一个监管周期再进行平滑处理。

1. 监管周期间调整

监管周期间调整机制与管制方式有关。在基于投资回报率的管制模式下，输配电价的调整重点在于根据企业经营情况和服务情况，调整下一周期的收入上限，以保证电网公司的合理收入；在基于价格上限的管制模式下，输配电价的调整重点在于激励电网企业提升管理绩效，将电网企业提升管理降低的成本或产生的效益按一定比例反馈给电网企业，以有效激励电网企业提升服务质量。

在基于投资回报率的管制模式下，监管周期间调整在每个监管周期结束时进行，需要与新的监管周期的成本监审相结合。调整内容是电网的准许收入，调整内容具体来说包括折旧费、运维费、价内税金等。

在基于价格上限的管制模式下，监管周期间调整主要是基于电网企业的可靠性和服务质量进行调整。通过建立电网企业供电可靠率、服务质量等考核指标,在监管周期内,根据政府能源主管部门的考核结果,适当调整下监管周期的输配电价。

如英国的输配电价格调整机制就设立了用户满意度、安全性、可靠性与可用性、接入网络的条件、环境影响以及社会责任6个考核指标,同时奖惩系数在40%~60%。在一个监管周期内,如果给定电网公司财务奖励系数是40%,其实际成本与核定成本相比,节约部分的40%留给公司,超支部分的40%由其自身承担;节约或超支部分将在下一监管周期通过降低或提高输配电价来实现。

2. 监管周期内调整

监管周期内调整机制主要通过设立平衡账户的方式进行。平衡账户反映电网企业准许收入和实际收入之间的差异,其作用在于稳定电价及保证电网企业成本合理回收。

平衡账户可以设在电网公司,实行专账管理。电网企业应及时将平衡账户情况报政府价格主管部门备案,并定期向政府价格主管部门报送监管周期内的输配电价执行情况等。监管周期内每一个年度结束后,政府价格主管部门要测算该年度电网企业实际输配电成本和收入,并与准许成本和准许收入进行比较分析,政府价格主管部门应当会同相关电力管理部门持续监测电网企业的资产、成本、收入等相关信息,并与其他有关部门、利益相关方和专家组成评估小组进行分析评估,以确定平衡账户的数额。

当平衡账户盈亏超过当年输配电准许收入的某一给定值时,启动电价调整工作。当平衡账户亏损时,应调升电价予以弥补;当平衡账户盈余时,应调降电价还利于民。电网企业应加强平衡账户管理,当达到电价调整启动点时,及时向价格主管部门报送调价申请报告。价格主管部门应及时启动调价程序,会同电网企业制定电价调整方案。监管周期结束时,平衡账户清零,盈亏余额纳入下一监管周期平衡。

五、输配电行业的技术经济特性

1. 输配电主要功能是电能传输

输、配电网将发电和用电两端连接,其中,输电网类似于高速公路或国道,配电网则类似于城市道路和乡村道路。大部分发电厂受环保要求或选址条件限制,远离城市和村镇建设,其生产的电能需经过长距离输电线路输送到各城市和村镇附近。为降低输电过程的成本,输电网络的电压等级较高,因此经其传输的电能不能供用电设备直接使用，还需经配电网络逐级降压后配送给处于网络不同位置和不同电压等级需求的用电设备。由此，输配电线路和其他设备共同构成分层分区的复杂网络，将分散的发电厂和千家万户紧密地连接在一起。

我国目前形成了以省级电网为主体的分区分层的输电和配电网络。在全国范围内，分为华北、华中、华东、东北、西北、南方六大区域电网，相互之间通过跨区输电线路连接。在各区域电网内部，分别有数个省级电网，通过跨省输电线路或更复杂的跨省输电网络连接。而在各省级电网内部，又有若干覆盖各地市范围的配电网，通过省内输电线路连接在一起。

2. 输配电同时也参与电力最终产品的形成

一般消费品在出厂时已经是完整独立的产品，通过流通环节进入消费环节，并不改变其出厂时的形态和功能。但电力产品特殊的物理属性决定，电力是系统集成的产品，输、配电不仅是电能传输服务，同时也参与了电力终端产品的形成过程。电能的生产、传输和消费几乎同时完成。所有发、用电设备通过电网连接在一起后，形成紧密联系又互相影响的整体。所有发电厂生产的电能一旦汇入公共电网，其流动将完全遵循物理规律，成为电力最终产品的一个个"零部件"，经过电能传输过程中的"组装"，才能形成合格的"集成产品"，提供给消费者。

3. 输配电具有典型的自然垄断特性

自然垄断，指单个企业提供产品或服务的成本比两家或两家以上企业同时提供时的成本更低，即成本的"劣加性"。电网属资金密集型行业，投资成本占总成本的比重一般达 2/3 以上。为提供输配电服务，电网企业需耗费巨额投资，并且这些资产的专用性极强，一旦建成后不能用作他途，导致沉淀成本高，重复建设将会显著增加成本，因而在一定区域范围内通常由政府授权一家企业独家经营。

本节小结

输配电环节具有典型的自然垄断性，同时，电力传输的物理特性导致电网用户对电网的使用程度难以准确衡量，因此，输配电价往往由政府进行定价。

常用的管制定价理论包括投资回报率管制和激励性管制两大类。基于投资回报率管制方法的主要思想在于补偿企业投资成本的同时给予公平合理的回报。该方法既能保证企业拥有一定的利润来继续进行投资扩大再生产，也能保证消费者不受垄断高价的困扰，但会导致被管制企业过度投资效应。激励性的管制主要有价格上限管制、标尺竞争管制和特许投标管制三种方法，能够在保证电网企业受益的同时，解决投资回报率管制在效率激励上不足的问题，但也存在导致恶性竞争、低价低质的风险。

我国当前的输配电价体系包括区域电网输电价、跨省跨区专项工程输电价、省级电网输配电价、地方电网输配电价和增量配电网配电价。输配电定价即是在电力用户之间科学合理地分摊输配电服务准许收入。需要在保证电网公司回收成本并获得一定收益的前提下，引导电力系统的合理规划和安全、经济运行，保证输配电系统对市场成员的无歧视开放。输配电价格形成包括核定输配电准许收入、分摊准许收入、形成输配电价、调整和监管几个步骤。

第三节　输配电价的影响因素

一、经济社会发展的影响

1. 国家政策方面

由于电力的准公共产品属性，以及电力工业的资产专用性与一定程度的自然垄断性质，政府往往对电力工业的市场准入、价格制定给予一定的管制。因此，政策因素是影响输配电价格的重要因素。

（1）电价改革相关政策。

自2002年我国电力体制改革以来，国家出台了一系列电价相关政策。2003年7月，国务院办公厅发布了《电价改革方案》（国办发〔2003〕62号），明确了电价改革的目标。2005年3月，国家发展改革委印发《电价改革实施办法》（发改价格〔2005〕514号），制定了《上网电价管理暂行办法》《输配电价管理暂行办法》和《销售电价管理暂行办法》，作为推进电价改革实施的纲领性文件，对今后电力发展和电价管理产生了深远影响。2006—2008年，国家发展改革委以《关于核定各省级电网输配电价的通知》（发改价格〔2006〕32号）、《关于公布各省级电网2006年销售电价和输配电价标准的通知》（发改价格〔2007〕1521号）、《关于公布各省级电网2007年销售电价和输配电价标准的通知》（发改价格〔2008〕2920号），三次向社会公布了各省级电网的输配电价标准，标志着我国输配电价改革的起步，为逐步建立独立的输配电价体系，促进电网企业健康发展，建立市场化电价机制，推进大用户直供电试点创造了条件。

2015年3月,中共中央、国务院出台《关于进一步深化电力体制改革的若干意见》(中发〔2015〕9号),再次开启电力体制改革序幕,本次电改要求对输配电价按照"准许成本+合理收益"原则核定。2015年4月,国家发展改革委印发了《关于贯彻中发〔2015〕9号文件精神加快推进输配电价改革的通知》(发改价格〔2015〕742号),部署扩大输配电价改革试点范围,加快推进输配电价改革。2015年5月,国家发展改革委印发了《关于完善跨省跨区电能交易价格形成机制有关问题的通知》(发改价格〔2015〕962号)。2015年6月,国家发展改革委和国家能源局联合下发《关于印发输配电定价成本监审办法(试行)的通知》(发改价格〔2015〕1347号)。2015年11月,国家发展改革委、国家能源局联合发布《关于印发电力体制改革配套文件的通知》(发改经体〔2015〕2752号),其中包括《关于推进输配电价改革的实施意见》。2016年12月,国家发展改革委发布《关于印发省级电网输配电价定价办法(试行)的通知》(发改价格〔2016〕2711号),与之前发布的《输配电定价成本监审办法》,共同构成了对电网企业的成本价格监管制度框架。2017年11月,国家发展改革委发布《关于全面深化价格机制改革的意见》(发改价格〔2017〕1941号)。2017年12月,国家发展改革委出台《关于印发〈区域电网输电价格定价办法(试行)〉〈跨省跨区专项工程输电价格定价办法(试行)〉和〈关于制定地方电网和增量配电网配电价格的指导意见〉的通知》(发改价格规〔2017〕2269号)。2019年5月,国家发展改革委和国家能源局对《输配电定价成本监审办法(试行)》进行了修订,下发了《关于印发输配电定价成本监审办法的通知》(发改价格规〔2019〕897号)。2020年1月和2月,国家发展改革委先后下发了《省级电网输配电价定价办法》和《区域电网输电价格定价办法》。

通过上述文件的支持,输配电价改革也成为电力体制改革领域首个全面完成的专项改革。2018年至2019年期间,国家开启连续两轮一般工商业降电价措施,全国一般工商业电价下调。

2018年4月4日,国务院总理主持召开国务院常务会议时提到,降低电网环节收费和输配电价,一般工商业电价平均降低10%。2018年,为了降低一般工商业电价,国家发展改革委价格司分四批出台了多项相关措施。

第一批措施从4月1日开始执行,电价降幅为4.3分/(kW·h),涉及降价资金432亿元。主要包括全面落实已出台的电网清费政策,推进区域电网和跨省跨区专项工程输电价格改革,进一步规范和降低电网环节收费,临时性降低输配电价四项措施。

第二批措施从 5 月 1 日开始执行,电价降幅为 2.16 分／(kW·h),涉及降价资金 216 亿元。措施主要包括两个方面,即通过释放电力行业的增值税税率调整和电网企业留抵退税一次性退返腾出的电价空间,用于减轻企业负担。

第三批措施从 7 月 1 日起开始执行,涉及降价资金 173 亿元。主要通过扩大跨省区电力交易规模、国家重大水利工程建设基金征收标准降低 25%、督促自备电厂承担政策性交叉补贴三项措施,进一步降低一般工商业电价。

针对上述多项降电价措施实施后,尚未达到一般工商业电价降 10% 的地区,国家发展改革委于 8 月 20 日印发特急文件公布第四批降价措施。第四批措施要求电价降幅还未达到 10% 的地区,可由电网企业通过内部调剂的方式,弥补省电力公司的资金缺口,或在下一输电监管周期统筹平衡。

2019 年 3 月 5 日,国务院总理在做 2019 年政府工作报告时指出,深化电力市场化改革,清理电价附加收费,降低制造业用电成本,一般工商业平均电价再降低 10%。2019 年,为了一般工商业电价再降低 10%,国家发展改革委分两批出台了多项相关措施。

第一批措施从 4 月 1 日开始执行,措施主要为电网企业增值税税率由 16% 调整为 13% 后,省级电网企业含税输配电价水平降低的空间全部用于降低一般工商业电价。

第二批措施从 7 月 1 日开始执行,措施主要包括:①重大水利工程建设基金征收标准降低 50% 形成的降价空间(市场化交易电量除外),全部用于降低一般工商业电价;②适当延长电网企业固定资产折旧年限,将电网企业固定资产平均折旧率降低 0.5 个百分点;③因增值税税率降低到 13%,省内水电企业非市场化交易电量、跨省跨区外来水电和核电企业(三代核电机组除外)非市场化交易电量形成的降价空间,全部用于降低一般工商业电价;④积极扩大一般工商业用户参与电力市场化交易的规模,通过市场机制进一步降低用电成本。

2019 年两批降价措施实行后,当年一般工商业电价再下降 10% 的任务基本完成。

(2)其他政策。

电力普遍服务政策对电价的制定,特别是农村高供电成本地区电价的制定具有约束作用。国家制定相关政策,采取措施,确保所有用户都能以合理的价格,获得可靠的、持续的基本电力服务。世界各国大多将电力社会普遍服务的总体目标定义为：提供价格合理的可靠电能，满足那些用不上电或用不起电的公民的用电需求。

另外，加快建设资源节约型、环境友好型社会，促进经济发展与人口资源环境相协调已成为我国的一项基本国策。相应地，国家也已出台多项促进节能及支持可再生能源发展的电价政策。如峰谷分时电价、阶梯电价、丰枯电价、煤电价格联动、随电价征收可再生能源附加等，促使我国能源可持续发展，资源配置优化利用。

综上可见，从改革初期对输配电价管理相关内容的规定，到全面建立覆盖跨省跨区输电工程、区域电网、省级电网、地方电网和增量配电网的全环节输配电价格监管制度框架，再到电力普遍服务和能源可持续发展的要求，国家政策因素一直是影响我国电价特别是输配电价制定的重要因素。电力行业作为重要的基础产业，又是重要的公用事业，电价的制定和调整会涉及和影响到社会的各个行业。电价对其他行业产品价格的影响具有拉动效应，如果电价太高，势必导致其他行业产品的价格上扬。因此，电价不可能像一般竞争性产品的价格那样可以完全由市场调节，政府往往要从宏观经济调控的角度对电价实施监管，其目的是更好地贯彻国家的产业政策和能源政策，既保证电力企业的正常经营和生存发展，又保证整个国民经济有序健康发展。

2. 经济发展方面

经济社会的发展体现了国家对产业发展的理念，电力产业作为国民经济增长和社会发展的基础性能源产业，其电价水平也需要根据经济和社会的现实状况而制定。电力资源作为一种商品在国家经济中发挥着基础性作用，电力价格水平的高低不仅关系电力企业经营效益，也影响着群众生活和社会经济发展。因此，经济社会发展与电价关系的研究一直备受关注。

在中国经济大环境稳中向好的情况下，中国电力发展也处于良好状态。2019 年，全国电力供需情况总体平衡。2019 年中国全社会用电量为 72255 亿 kW·h，同比增长 4.5%，比上年提高 1.9 个百分点，全国全口径发电量 73253 亿 kW·h，同比增长 4.7%。

经济发展水平是价格制定的重要参考因素。经济增长速度越快，对电力产品的需求量也就越大，而需求决定了电力资源开发的成本高低。在开发技术没有重大进步的情况下，电力产品资源开发的总规模越大，边际成本就越高。需求水平高，则可承受的开发成本就高，总开发规模就应随之扩大，电价相对较高。反之，需求水平低，可承受的开发成本也低，总开发规模也必须限定在相应范围内，电价相对较低。这就是经济增长速度影响电价的机理所在。

以北京、上海、广东、浙江、湖北、贵州、云南、青海等8个省、自治区和直辖市近两年的平均销售电价为例，电价与区域经济发展水平的这一关系非常明显（见表2-8）。

表2-8　　　　　　　2018—2019年部分省区销售电价统计　　　　　元/(kW·h)

年份	省份/自治区/直辖市							
	北京	上海	广东	浙江	湖北	贵州	云南	青海
2018	0.488	0.617	0.592	0.538	0.558	0.456	0.450	0.377
2019	0.488	0.617	0.592	0.538	0.558	0.456	0.450	0.377

导致区域经济增长出现差异的因素比较多，既有区域外的大环境因素，也有区域内自身的影响因素。这些因素互相影响、相互作用，共同造成区域之间出现经济增长差异。造成区域经济增长差异的因素主要有资本因素、劳动因素、技术因素及制度因素等。这些因素围绕自身管理内容实现对经济增长的影响。输配电价对于我国经济发展的积极意义正在逐步显现。受到输配电价区域差异影响，区域销售电价差异凸显，这将对我国东部地区产业升级，西部地区重工业发展有着重要的指导意义。另外，随着输配电价陆续公布，我国各省电力市场化交易将进一步提速，并为电力现货交易市场打下坚实基础。

3.通货膨胀方面

通货膨胀是指在货币流通条件下，因货币实际需求小于货币供给，也即现实购买力大于产出供给，导致货币贬值，而引起的一段时间内物价持续而普遍的上涨现象。其实质是社会总供给小于社会总需求（供远小于求）。当一个经济中的大多数商品和劳务的价格连续在一段时间内（物价水平）以不同形式（包括显性和隐性）普遍上涨时，宏观经济学就称这个时期的经济经历着通货膨胀。

在货币主义经济学中，当市场上货币发行量超过流通中所需要的货币量，就会出现纸币贬值，物价上涨，导致购买力下降，这就是通货膨胀。该理论表达为

$$MV=PT \tag{2-9}$$

式中：M为货币的总量；V为货币的流通速度；P为物价水平，也就是通货膨胀的量度；T为总交换量，也就是该经济体内的总产出。

当货币总量增加并且货币的流通速度因此上升时，式（6-1）右边的两个参数的积会增加。如果 P 增长的百分比比 T 更多，物价水平就比产出上升得快，从而产生通货膨胀。

一是通过价格指数变化计算：通货膨胀率（物价上涨率）=（现期物价水平－基期物价水平）/基期物价水平 ×100%。

衡量通货膨胀率的价格指数一般有消费价格指数（CPI）、生产者价格指数（PPI）、国民生产总值价格折算指数三种。

二是利用基本概念推导计算：通货膨胀率（价格上涨率）=（已发行的货币量－流通中实际所需要的货币量）/流通中实际所需要的货币量 ×100%。

通货膨胀会影响社会收入分配及经济活动，扭曲商品相对价格。降低资源配置效率，引发泡沫经济乃至损害一个国家的经济基础和政权基础。如果社会的通货膨胀率是稳定的，电力企业可以完全预期生产成本，那么通货膨胀率对社会经济生活的影响很小。但是，在通货膨胀率严重超预期的情况下，电力企业无法准确地根据通货膨胀率来调整成本和收入，可能造成电价成本反常变化。因此，电价的制定应考虑通货膨胀率，随着通货膨胀率的变动适时作出调整，以适应市场物价的变化。

二、电力技术特性的影响

1. 电力市场化方面

电力工业整体上是典型的自然垄断行业，自然垄断行业在市场经济体系下主要以政府管制的形式体现。政府管制与计划经济虽然都强调政府的作用，但是在方式上有根本的区别。政府管制强调规则的作用，计划经济强调个人决策价值；政府管制的精神是法治经济，而计划经济的实质是人治经济。因此，政府管制是市场经济体系下政府对自然垄断行业或企业管理的特殊形式。而计划经济则属于完全不同的计划经济制度。

电力作为商品，具有和其他商品相同的基本属性。电力市场也和一般商品市场一样，具有买卖双方，构成了电力市场的供给和需求。其中的卖方就是电力生产部门和配电部门，买方就是广大的电力需求者，而电力作为商品进行交易，凭借的就是输电网络这一载体。然而，由于受电力生产企业单机容量、所处的位置、事故发生时的电力支援能力等影响，电力商品是不同质的。卖方即电力生产企业，抢占市场，不断地追求利润最大化，这就使得电力市场同时存在着垄断和竞争。电力市场的特点就是垄断和竞争并存，属垄断竞争性市场。

我国电力市场也经过了一段漫长的改革道路，这一段漫长的改革道路可以大致可分为集资办电、公司制改组、市场化改革三个阶段，这期间的电力市场改革也取得了一些可喜的阶段性成果。

改革开放初期，随着社会主义市场经济改革的深入进行，我国经济呈现高速发展的态势，产生了强劲的电力需求，并造成了持续而严重的电力短缺。针对这个问题，当时的解决办法无非是增加中央政府电力建设投入。1985年国家颁布《关于鼓励集资办电和实行多种电价的暂行规定》，出台了集资办电政策，鼓励地方政府、个人和国（境）外企业投资建设电厂。这就形成了当时一个特有的电价现象，即电价水平高低与电厂的所有制有关，电厂私有化程度越高，电价水平也越高。

以"集资办电"形式体现的电力市场改革取得了明显的成效，同时也坚定了政府在电力工业中建立市场经济体系的决心和信心。政府决定扩大市场经济改革的范围，目标是在整个电力工业中建立市场经济体系。在这个背景下，政府于2002年首先开始了"政企分开"改革，塑造市场竞争和政府管制的市场主体，然后实施"厂网分开"等，为发电企业参与市场竞争奠定基础。

在总结2002年以来电力市场竞争改革长期停滞不前的教训基础上，2015年中共中央、国务院出台新的关于深化电力体制改革的九号文件，核心内容可概括为"三放开、一独立、三强化"，即有序放开输配电环节以外的竞争性电价，有序向社会资本放开配售电业务，有序放开公益性和调节性以外的发用电计划；推进交易机构相对独立，规范运行；继续深化对区域电网建设和适合我国国情的输配电体制研究；进一步强化政府监管、电力统筹规划，以及电力安全高效运行和可靠供应。

电力工业市场化发展的过程经过了许多波折，但一直在曲折前行，一方面电力价格的改变是电力市场化发展的刺激因素，另一方面市场化的进程也同样影响着电力价格的变化。电价的制定要能够使消费终端获益，因此电价本身不仅需要合理引导资源的优化配置，反映供需的变化，还要能体现市场竞争的程度与改革的成效。

2. 网络特性方面

电力工业属典型的网络型产业。网络型产业由于具有自然垄断性，往往需要垄断经营并受政府规制。由于产业间的竞争加剧、技术进步、市场规模扩大以及实践中的规制失效等问题的出现，西方国家纷纷对网络型产业进行放松规制、引入竞争的市场化改革。网络型产业除了具有网络性外，主要还具有基础设施现实性、公共物品性和自然垄断性。

从静态角度看，电力这种网络型产业虽具有自然垄断性，但并不等于行业中所有业务都是自然垄断的。这些行业的固定网络性操作业务属于自然垄断性业务范围，而网前产品的生产与服务，网后产品服务和多数网上产品运营业务则基本上属非自然垄断性业务。因此，正确把握自然垄断的静态界面，区分自然垄断性业务和非自然垄断性业务，在考虑这两种业务是否具有垂直一体化范围经济性的情况下，制定区别对待的可分拆或不可分拆政策尤为重要。从动态角度看，受技术进步因素、市场范围变化和制度环境的影响，网络型行业自然垄断业务的边界也会随之改变。

如图 2-4 所示，电力系统中电网为自然垄断性网络，但发电端和用电端由于其特性，具有非自然垄断性质。基于网络的重要性及网络生产的特性，电网企业必须提供稳定、安全的输配电网络，同时要加强信息等生产要素的管理，这对满足目前大部分消费者对用电可靠性提出的要求具有重要意义。

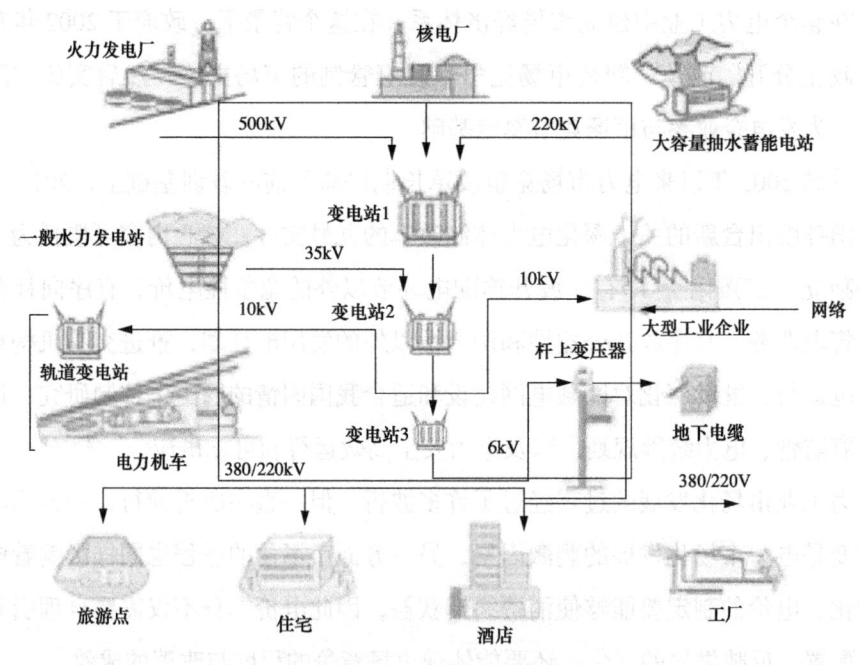

图 2-4　电力系统示意图

鉴于行政性垄断仍是我国网络型产业的基本特征，以及引入竞争与规制改革后仍处于滞后和不完善的基本现实。消除行政化垄断，引入竞争，并在垄断环节和非垄断环节分离的基础上进行有效竞争，应成为我国网络型产业与规制进行市场化改革的根本途径。电力市场化改革顺利进行的关键在于输配电价的合理确定。目前电力市场"放开两端（发电侧、销售侧）管住中间（输配电网）"的经营管理模式也从一个侧面表明了输配电价格在电力整体运行、经营中的重要作用，而这正是电力工业网络生产的体现。

3. 负荷特性方面

电力系统中所有用电设备的开机容量之和称为电力负荷。电力负荷是电力系统的重要组成部分，它作为电能的消耗者对电力系统的分析、设计与控制有着重要影响。负荷特性是指电力负荷从电力系统的电源吸取的有功功率和无功功率随负荷端点的电压及系统频率变化而改变的规律。

电力负荷特性分为年用电负荷特性、月用电负荷特性、典型日用电负荷特性三方面，分别可以用年负荷率、季不均衡系数、最大峰谷差率、月平均日负荷率、月不均衡系数、月最大峰谷差率、日负荷率、日峰谷差率等指标来表示。其中负荷率、季不均衡系数、月不均衡系数均为反映负荷分布均匀性的指标，年负荷率体现了全年各日用电负荷的均衡性，季（月）不均衡系数体现出各月最大负荷分布的均衡性。负荷率是规定时间（日、月、年）内的平均负荷与最大负荷的比值。负荷率值越小，（日、月、年）负荷曲线越尖瘦，表明负荷率越不均衡。峰谷差是日最大负荷与最小负荷的差值，用来说明日负荷变动的幅度，能直观地反映电网负荷波动了多少千瓦。

工业、农业、市政及居民生活等各类用户所拥有的用电设备，归纳起来主要是异步电动机、同步电动机、电热电炉、整流设备、照明设备及各种电子设备等。它们的用电特性存在很大差异，电力负荷特性也有差别。一般重工业用电设备单机容量大，用电负荷比较集中，常伴有较大的冲击负荷，季节性变化较小；轻工业用电设备单机容量小，但数量多、用电量大；农业用户用电受季节、气候影响，随机波动性较大，季节变化明显，日内变化也较大；市政公用事业及居民生活用电受时间影响，多数日内变化大。由于电力系统覆盖面积较大，各个用户的用电特性相差较大，各种用电设备所占比重也不尽相同，同一用户不同时间用电情况也存在变化，因此，电力系统的电力负荷无时无刻不在变化。

对应不同的负荷特性，电力企业供电的成本和效益也不同，因此，各类用户应该承担的输配电价水平也不一样。

三、电力成本的影响

1. 电力造价方面

工程造价，简单来说就是完成建设项目所需要付出的金额。电力工程造价是指电力工程建设项目经过分析决策、设计施工到竣工验收、交付使用的各个阶段，完成建筑工程、安装工程、设备工器具购置及其他相应的建筑工作，最后形成固定资产，在这其中投入的所有费用总和。

电力工程项目的建设是一项建设周期长、整体性强、投资额巨大的生产消费过程，电力工程造价作为电力工业重要的成本支出，其造价水平直接影响电价水平的高低。电力工程造价具有大额性、个别性、差异性、动态性、层次性等特点。电力工程造价费用计算基础为"单价 × 数量"。随着我国经济社会的高速发展及科学技术的不断进步，大电网、高电压、高度自动化的输、配、变电网络已经形成，电力工程总造价和单位造价也在不断提高。

（1）输电线路工程。

2018年，受主要材料价格上涨影响，输电线路工程概算单位造价整体呈上涨趋势。其中，导线的价格上涨9%～11%，地线的价格上涨4%～5%，塔材的价格上涨10%～20%，钢筋的价格上涨4%，水泥的价格上涨10%～15%。

2018年，110、330、750kV交流输电工程决算单位造价较2017年同比上涨，主要原因是工程建设条件变化及路径选择难度增加，本体工程费与建设场地征用及清理费增加。220kV工程决算单位造价基本保持平稳。500kV工程决算单位造价较2017年同比下降，主要原因是大截面导线所占长度比例降低。1000kV特高压交流输电线路工程决算单位造价较2017年同比下降，主要原因是其主要工程量指标受工程所在地建设条件影响而下降，其他费用降低。

2018年，±500kV直流输电线路工程近年来投产项目数量有限，受工程技术条件及建设条件影响，单位工程造价水平差异较大。±800kV特高压直流输电线路工程决算单位造价较2017年同比上涨，主要原因是输送容量增加引起工程量指标增加，建设场地征用及清理费增加。

2018年，输电线路工程决算单位造价见表2-9。

（2）变电站。

变电站工程单位造价受变电站容量影响较大。对于变电站容量较小的情况，建筑工程费与建设场地征用及清理费占比较大，会导致单位工程造价上升明显。

2018年，变电站工程概算单位造价较2017年同比上涨，主要是主变压器的价格上涨所致。

2018年，变电站工程决算单位造价见表2-9。

表 2-9　　2018 年输电线路、变电站、换流站工程决算单位造价

工程	电压等级（kV）	单位造价
交流输电	110	70.80 万 /km
	220	111.49 万 /km
	330	119.19 万 /km
	500	248.80 万 /km
	700	272.31 万 /km
	1000	680.26 万 /km
直流输电	±500	229.58 万 /km
	±800	468.35 万 /km
变电站	110	332.65 万 /km
	220	224.24 万 /km
	330	222.94 万 /km
	500	117.04 万 /km
	700	186.51 万 /km
	1000	352.70 万 /km
换流站	±500	725.39 万 /km
	±800	597.95 万 /km

（3）换流站。

2018 年，±500、±800kV 换流站工程概算单位造价同比下降，主要原因为装备制造企业技术进步导致主要设备价格逐渐下降，设备招投标管理加强，特高压换流站工程输送容量增大产生的规模效应促进主要设备价格逐步下降。

2018 年，直流换流站工程决算单位造价见表 2-9。

总体来看，电网工程的单位造价大都呈上升趋势，而过高的单位造价意味着电力供应成本的上升，成本上升也会反映到电网输配电的价格水平。因此，电力工程造价也是输配电价制定的重要参考依据。

2. 供电质量方面

供电质量是指用电方与供电方之间相互作用和影响中供电方的责任，包括技术部分（即电能质量和供电可靠性）和非技术部分（即供电服务质量）。供电质量对工业

和公用事业用户的安全生产、经济效益和人民生活有着很大的影响。供电质量恶化会引起用电设备的效率和功率因数降低，损耗增加，寿命缩短，产品品质下降，电子和自动化设备失灵等。随着社会经济的持续繁荣和人民群众生活品质的提升，加上用户对电力依存度的不断提高，越来越多的用户对电力服务的需求和要求都不断提高，因此，电力电能质量、供电可靠性和供电服务质量越来越受到重视，高水平的供电质量也要求着高数额的输配电成本增加，进而传导至电价水平。

电能质量是指提供给用户的电能品质的优劣程度。通常以电压、频率和波形等指标来衡量。电压指标包括电压偏差、电压波动和闪变、电压不平衡度等，频率指标指频率偏差，波形指标指电压正弦波形畸变率。

供电可靠性是衡量供配电质量的一个重要指标。衡量供配电可靠性的指标，一般以全年平均供电时间占全年时间的百分数来表示。例如，全年时间为8760h，用户全年平均停电时间87.6h，即停电时间占全年的1%，则供电可靠性为99%。

供电服务是指电网经营企业和供电企业为了使客户所购电能满足其生产和生活的需要，以劳务的形式向客户提供有价值的相应的业务活动，包括基本的专业技术支持、用电安全、服务人员的服务水平和责任心等。供电企业不仅要向客户提供合格的电能，还要向客户提供相应的优质服务，使电力客户对电能产品感到使用方便、供应可靠、服务及时周到，在这一过程中发生的成本支出就是供电服务成本。

电改后，电网企业从电力系统原有的交易主体角色逐渐向输配电服务商角色转变，提升社会公共事业服务职能，减弱买电、卖电基本职能，发挥更加具有中立性质的公共服务职能。电网企业主要提供两种性质的服务：一是技术服务。通过相对可靠的技术来输送电能，即电网企业所称的"生产经营"。二是交易服务，即为实现电力商品顺利交易而需要提供的服务。这种服务发生在电力营销过程中。也就是说，电网企业主要通过提供技术服务和交易服务来创造企业价值，从而为客户创造价值。

从企业价值链角度分析，输配电服务成为电网企业主要的经营活动。供电服务需要投入，也必然产生成本。优质的供电服务意味着供电成本的增加，相应地，终端用户的电价应当真实反映供电成本信息，以补偿供电企业的服务成本。特别是高可靠性电价，它是一种考虑可靠性因素而制定的电价。高可靠性供电费是指对供电可靠性要求高的客户，即要求两路及以上多回路供电（含备用电源、保安电源）的客户所收取的费用。电力系统的可靠性越高，供电成本就会越高，用户承担的成本费用也越多，电价也就会相应提高一些，但同时也可以减少用户所遭受的停电损失。反之，系统可靠性越低，供电成本就会越低，用户承担的成本费用也越少，电价也相应低一些，但用户可能承担的停电损失会增加。

3. 折旧年限方面

根据输配电价核定原理，准许成本由运行维护费和折旧成本构成，运行维护费受电网结构及负荷特性、电力造价、电网可靠性等方面的影响，而折旧成本受折旧率、折旧年限等方面的影响。

国家电网有限公司（简称国家电网公司）、中国南方电网有限责任公司（简称南方电网公司）的固定资产折旧年限与《输配电定价成本监审办法》（简称《监审办法》）的要求有所偏差，详见表2-10。在第二轮成本监审办法中，折旧年限规定更为严格，输配电资产折旧年限上限提升2~3年。通过对比分析，《监审办法》规定折旧年限与国家电网公司和南方电网公司的实际折旧年限差异较大，除通信线路及设备的折旧年限小于电网公司外，其他类别的固定资产折旧年限均大于电网公司实际折旧年限。按照《输配电价定价办法》中各类资产折旧年限规定，输、变、配设备折旧年限均有较大程度的提高。例如，对于2015年1月1日之后投产的设备资产，500kV、220kV、110kV的输电线路折旧年限分别提高76%、65%、41%，110kV以上的变电设备提高67%。

电网固定资产受各地自然环境、气候和运行水平影响较大，其折旧年限差别也较大，同时各地设备和材料由于制造厂商不同，具体使用年限差异巨大。我国电网设备技术装备水平与发达国家有一定差距，并且国内电力设备运行环境较差，加上我国国民经济的快速发展，导致电力设施未达到设计寿命就要更换。另外，沿海地区电网设备长期处于高温、高湿、高腐蚀性的环境中，强对流、强台风、洪涝、冰灾等自然灾害多发，资产实际使用年限较其他区域有所缩短，部分低于成本监审规定的最低折旧年限。而新修订的《输配电定价成本监审办法》却对固定资产的折旧年限有所延长，使得电网企业输配电折旧费核定有所减少。

表2-10　　　　　　　　固定资产类别输电设备变电设备

固定资产类别	实际折旧年限（年）		《监审办法》折旧年限（年）
	国家电网公司	南方电网公司	
输电设备	20~30	17~30	（一）输配电线路 （1）500kV及以上 30~38； （2）220kV（330kV）28~34；

续表

固定资产类别	实际折旧年限（年）国家电网公司	实际折旧年限（年）南方电网公司	《监审办法》折旧年限（年）
变电设备	12~18	12~18	（3）110kV（66kV）26~32; （4）35kV 18~30; （5）10kV（20kV）及以下 16~26 （二）变电配电设备 （1）110kV以上 25~33; （2）110kV及以上 18~24
配电线路及设备	12~18	12~20	
用电计量设备	7	7~12	8
通信线路及设备	10	10~15	8
自动化设备及仪器设备	8	4~8	8
水工机械设备	10	10~14	
检修维护设备	12	10~14	10
运输设备	6~10	5~8	10
生产管理用工器具	7	5~9	10
非生产用设备及工器具	7	5~9	20
房屋	20~30	23~30	非生产性房屋、建筑物 50
建筑物	12~20	20~45	生产性房屋、建筑物 30

定价折旧年限应根据输配电固定资产的类别、设备运行环境和实际使用情况等因素确定。然而，固定资产折旧涉及设备种类较多，不同地区差异性较大，同时折旧费用对成本核定及定价合理性影响巨大。因此，通过开展电网资产寿命及合理折旧年限调研分析，基于各地区自然环境和不同电网企业发展水平差异，深入了解输配电资产的实际使用寿命和合理折旧年限，对于核定输配电定价成本的真实性、合理性具有重要意义。

4. 有效资产核定方面

有效资产由基期有效资产和监管周期新增（减少）的有效资产组成。有效资产不仅直接决定准许收益，而且有效资产中对应的固定资产原值将直接影响折旧费和运行维护费的大小。因此，有效资产的核定将对输配电价核算产生较大影响。

电网企业对基期固定资产净值、无形资产净值、营运资金的核定会影响基期有效资产份额。此外，对于监管周期内，逾龄资产的核定、新增用户资产的核定、已计提完折旧的固定资产的核定等也会对有效资产份额产生影响，进而影响电网企业准许成本，进一步影响输配电价的核定。

按目前的折旧政策，接下来新增逾龄资产会对下一个成本监审周期参数核定产生较大影响。逾龄资产是指已提足折旧的并且按照现行会计准则、会计制度规定已超过折旧年限的在用固定资产。尽管逾龄资产已经提足折旧，但在其仍然存在使用价值的时候，很多企事业单位仍旧会选择继续使用。继续使用逾龄资产，能使企业的经营成本、事业单位的经费支出实现最小化，使资产使用达到效用最大化，这对于社会资源的配置来说是经济的。从表面上看，逾龄资产的继续使用不涉及会计核算中的固定资产折旧问题，但它却涉及生产过程中耗费的物化劳动价值的补偿问题。忽略这种物化劳动价值的补偿所确定的定价成本，实际上有悖于政府定价需符合基本经济规律这一基本原则。由此，应对逾龄资产继续使用的深层次原因进行剖析，以进一步完善政府定价成本中固定资产相关成本的构成，形成合理的定价成本。

用户资产包括用户电力设施，即用户拥有产权的受送电设备。其中，用户包括政府机关、部队、企事业单位、居民等，受送电设备包括农村集体出资投资的电力设备、城市公用电力设施、住宅小区的室外配电设施和用户投资建设的专用电力设施。这些用户资产存在于电网企业资产权属之外，给电网企业的供电工作带来了困难。做好用户资产接收管理工作的同时，也会给供电企业带来供电成本的增加。

5. 税收、利率和汇率方面

准许收入的核算包含价内税金，因此税金对准许收入会产生一定影响，进而对输配电价的核算产生影响。企业都涉及缴税的问题，电力企业在电力生产、输送和销售环节都应根据我国法律规定缴纳各种税金。所得税的税率及征收标准、城市维护建设税的征收标准、教育费附加的征收额度均会对输配电价的核算产生一定影响。无论是发电厂商的上网电价还是供电企业的供电电价均有税收问题。根据目前的税收政策，发电厂商发电上网，要征收电力产品增值税。当供电企业进入销售环节时，也要征收电力产品增值税，还包括其他税种。

利率是企业财务费用的主体，其高低主要受通货膨胀率、国民的富裕程度、经济增长速度的影响。在其他条件不变的情况下，利率提高，电价上升，反之，利率下调，电价也应随之下降。随着我国经济的快速发展，居民以及各个产业对电力的需求明显增加，单一的由国家支持建立的电力生产企业已经不能满足我国社会对电能的总需求。为了缓解这种压力，国家通过有利的政策性支持鼓励地方及其他机构投资兴建电力生产企业，以满足日益增长的电力需求。通常，电力基础设施的建设会通过国家扶持获得贷款，因此贷款利率也是影响电网企业准许收入的因素。贷款利率通过影响准许收益率，进而影响准许收入，间接地对输配电价核算产生影响。

在经济开放的地区，大都存在燃料的进出口及国际资本的流入与流出。对于燃料净进口国，汇率的变动直接影响火电的运行成本；对于燃料净出口国，汇率变动则通过改变国内市场供求关系而导致火电运营成本的升降。使用外国资本建设电站或供电网络，汇率变动会影响造价及还本付息的金额。

四、其他因素的影响

1. 交叉补贴方面

"交叉补贴"通常是指因商品定价原因造成的一部分用户对另外一部分用户的补贴。

从国际上看，我国的电价在国际上处于中等偏下水平，低于绝大多数的发达国家，与美国大体相当，高于多数发展中国家。但是我国的电价结构与美国存在较大差异。我国的居民电价明显低于美国，但工商业电价要高于美国。

以2016年为例，我国平均销售电价总水平为0.676元/（kW·h），与美国的0.683元/（kW·h）基本持平。我国居民平均电价约为0.55元/（kW·h），低于美国0.83元/（kW·h）的电价水平；但工业电价我国为0.69元/（kW·h），美国为0.45元/（kW·h），美国比我国低1/3左右；商业电价我国为0.82元/（kW·h），美国为0.69元/（kW·h），美国比我国低16%左右，造成这一现象的原因就是交叉补贴。

我国电价中存在交叉补贴的根本原因在于电力作为一种特殊商品，其本身带有公益属性。从理论上分析，工商业用户的用电成本低于居民用户，其销售电价也应低于居民用户的销售电价。但我国政府价格主管部门在制定电价时，没有简单依据提供电力服务的实际成本进行定价，而是出于社会稳定的考虑，充分满足电力普遍服务的要求。

因此，长期以来我国政府价格主管部门会在居民和工商业之间调剂电价，要求工商业承担大部分的供电成本，以降低居民生活用电价格，确保广大百姓能够享受到较为低廉的用电价格。除此之外,政府还会在地区之间、电压等级之间调剂电价,通过提高发达地区的电价水平,降低欠发达地区、低电压等级用户的电费负担。

2. 风险因素方面

电力工业投资大多是在有市场保障的前提下进行的,因而投资风险在资本费用支出中所占的比重较小,但其前提条件是国家政局的稳定和法制的健全。如果政局前景不明朗,或相应的法律及执法方面有较多缺陷,投资风险就会增大,投资者也就会相应地索要更高的资本报酬率。由于国家投资带有政策导向作用,且资金来源于公共财产,要求的资本报酬率通常会低于民间资本。所以,在电力投资中,使用国有资本较多的,资本费用支出相对较少,反之,使用国有资本较少的,资本费用支出相对较多。

本节小结

电力工业的发展离不开政治、法律、经济、社会、文化和技术等背景因素的影响,特别是社会政策和经济发展对电力工业价格的制定具有重要影响。具体来看,影响输配电价的因素可以分为经济社会发展、电力技术特性、电力成本和其他因素四部分。经济社会发展的影响中,国家经济发展对电价的整体水平发展产生了一定影响,而国家政策制定是输配电价的决定性影响因素。电力技术特性中,电力工业市场化进程和电力的网络特性、负荷特性对输配电价的制定也有着一定的制约作用。电力成本中电力造价、供电质量、折旧年限、有效资产核定、税收、利率和汇率水平等因素也影响着输配电价水平。其他交叉补贴因素和风险因素对输配电价的高低影响也不容忽视。

第三章
省级电网输配电价及相关问题探索

第一节 省级电网输配电价核定

一、省级电网输配电成本构成

不同国家的输配电成本构成略有不同。例如，英国输配电成本分为设备建设成本、直接运营成本、间接运营成本和网络税费。其中，设备建设成本指电网设备的扩建成本；直接运营成本指与电网运行直接相关的成本，如电网的检查维护等；间接运营成本指与电网运行不直接相关的成本，如公司宣传费等；网络税费指电网公司需缴纳的税费。美国德州输配电成本包括设备运行维护费用、折旧费用、联邦收入税以及其他税款。

在我国，根据国家发展改革委、国家能源局印发的《输配电定价成本监审办法》（发改价格规〔2019〕897号），输配电成本包括折旧费和运行维护费。其中，折旧费指按与输配电服务相关的固定资产原值和一定折旧率计提的费用；运行维护费指电网企业维持电网正常运行的费用，包括材料费、修理费、职工薪酬和其他运营费用。

材料费指电网企业提供输配电服务所耗用的消耗性材料、事故备品等，包括企业因自行组织设备大修、抢修、日常检修发生的材料消耗和委托外部社会单位检修需要企业自行购买的材料费用。

修理费指电网企业为了维护和保持输配电相关设施正常工作状态所进行的外包修理活动发生的检修费用，不包括企业自行组织检修发生的材料消耗和人工费用。

人工费指电网企业从事输配电业务的职工发生的薪酬支出，包括工资总额（含津补贴）、职工福利费、职工教育经费、工会经费、社会保险费用、住房公积金，含农电工、劳务派遣及临时用工支出等。

其他运营费用指电网企业提供正常输配电服务发生的除以上成本因素外的费用。主要包括：

（1）生产经营类费用，包括农村电网维护费、委托运行维护费、租赁费等。

（2）管理类费用，包括办公费、会议费、水电费、物业管理费、差旅费等。

（3）安全保护类费用，包括电力设施保护费、劳动保护费、安全费、设备检测费等。

（4）研究开发类费用，包括研究开发费等开展与输配电服务相关的产品、技术、材料、工艺、标准的研究，以及开发过程中发生的费用支出。

（5）价内税金，包括车船使用税、房产税、土地使用税和印花税。

（6）其他费用，包括无形资产摊销、低值易耗品摊销、财产保险费、土地使用费、管理信息系统维护费等。

二、省级电网输配电价定价原则

1. 促进电网企业高质量发展

立足保障电力安全可靠供应，强化电网企业成本约束，以严格的成本监审为基础，按照"准许成本＋合理收益"方法核定输配电准许收入；健全激励约束机制，促进电网企业加强管理降低成本，为用户提供安全高效可持续的输配电服务，助力行业和用户提高能效降低能耗。

2. 实现用户公平分摊成本

基于各类用户对输配电系统成本的耗费，兼顾其他公共政策目标，确定输配电价格，优化输配电价结构。

3. 严格规范政府定价行为

明晰定价规则，规范定价程序，科学确定方法，最大限度减少自由裁量权，提高政府定价的法治化、规范化、透明度。

三、准许收入的计算方法

省级电网输配电准许收入由准许成本、准许收益和税金构成。其中：

准许成本＝基期准许成本＋监管周期预计新增（减少）准许成本

准许收益＝可计提收益的有效资产 × 准许收益率

1. 准许成本的计算

准许成本由折旧费和运行维护费构成，区分基期准许成本、监管周期预计新增和减少准许成本分别核定。基期准许成本，是指根据输配电定价成本监审办法等规定，经成本监审核定的历史成本，包括区域电网分摊的容量电费和按销售电量分摊到各省级电网的电网总部调度中心、交易中心费用。监管周期新增和减少准许成本，是指电网企业在监管周期前一年及监管周期内预计合理新增和减少的准许成本。

（1）监管周期新增准许成本。

1）折旧费。

折旧费的计算公式为

折旧费=预计新增输配电固定资产投资额 × 预计新增投资计入固定资产比率 × 定价折旧率

预计新增输配电固定资产投资额参照有权限的省级发展改革、能源主管部门预测的、符合电力规划的电网投资计划，按年度间等比例原则确定，有明确年度投资完成时间的，按计划要求确定。

未明确具体投资项目和资产结构、监管周期内无投运计划或无法按期建成投运的，不得计入预计新增输配电固定资产投资额。

预计新增投资计入固定资产比率，指预计新增输配电固定资产投资额可计入当期预计新增输配电固定资产原值的比率，原则上不超过上一监管周期新增投资计入固定资产比率，最高不得超过75%。

预计新增输配电量，参考上一监管周期输配电量平均增速，以及有权限的省级发展改革、能源主管部门根据电力投资增长和电力供需形势预测的电量增长情况等因素核定。

预计新增单位电量固定资产=预计新增输配电固定资产原值 ÷ 预计新增输配电量

预计新增输配电固定资产基于提高投资效率的要求，按照不高于历史单位电量固定资产的原则核定（国家政策性重大投资除外），低于历史单位电量固定资产的，按预计数核定。

定价折旧率，根据输配电定价成本监审办法规定的残值率、附表《电网企业固定资产分类定价折旧年限表》中所列折旧年限和新增输配电固定资产结构核定。

2）运行维护费。

运行维护费由人工费、材料费、修理费、其他运营费用组成，按以下方法分别核定。

人工费，参考国务院国有资产管理部门核定的职工工资总额。

材料费和修理费，参考电网经营企业上一监管周期费率水平，以及同类型电网企业的先进成本标准，且材料费、修理费和人工费三项合计按不高于监管周期新增输配电固定资产原值的2%核定。

其他运营费用，按照不高于成本监审核定的上一监管周期电网企业费率水平的70%，同时不高于监管周期新增输配电固定资产原值的2.5%核定。其中，电网经营企业费率水平为其他运营费用占输配电固定资产原值的比重。

（2）监管周期减少准许成本。

监管周期内退役、报废的固定资产和摊销完毕的无形资产，相应减少的成本费用。成本费用率标准参照上一监管周期费率水平。

监管周期内已计提完折旧仍在使用的固定资产，不再计提定价折旧费。

2. 准许收益的计算

（1）可计提收益的有效资产是指电网企业投资形成的输配电线路、变电配电设备以及其他与输配电业务相关的资产，包括固定资产净值、无形资产净值和营运资本。

1）以下资产不得纳入可计提收益的固定资产范围。

①与输配电业务无关的固定资产。包括但不限于：电网企业宾馆、招待所、办事处、医疗单位、电动汽车充换电服务等辅助性业务单位、多种经营企业及"三产"资产；抽水蓄能电站、电储能设施、已单独核定上网电价的电厂资产；独立核算的售电公司资产；与输配电业务无关的对外股权投资；投资性固定资产（如房地产等）；其他需扣除的与输配电业务无关的固定资产等。

②应由有权限的政府主管部门审批或认定而未经批准或认定投资建设的固定资产，或允许企业自主安排，但不符合电力规划、未履行必要核准、备案程序投资建设的固定资产。

③单独核定输电价格的跨省跨区专项输电工程和配套工程固定资产。

④已纳入区域电网输电价格核算的固定资产。

⑤用户或地方政府无偿移交，由政府补助或者社会无偿投入等非电网企业投资形成的输配电资产。

⑥其他不应计提收益的固定资产。

2）可计提收益的无形资产，主要包括软件、土地使用权等。

3）可计提收益的营运资本，指电网企业为提供输配电服务，除固定资产投资以外的正常运营所需要的周转资金。

（2）可计提收益的有效资产的计算公式为

可计提收益的有效资产＝基期可计提收益的有效资产＋监管周期预计新增可计提收益的有效资产－监管周期减少可计提收益的有效资产

1）基期可计提收益的有效资产。固定资产净值和无形资产净值根据监审期间最末一年可计提折旧、可摊销计入定价成本的固定资产和无形资产原值所对应的账面净值,通过成本监审核定;营运资本按不高于成本监审核定的上一监管周期运行维护费的 1/12 加月购电费的 1/6 核定。

2)监管周期预计新增可计提收益的有效资产。根据预计新增输配电固定资产原值扣减监管周期相应折旧费核定。

3)监管周期减少有效资产。根据监管周期内预计退役、报废或已计提完折旧的固定资产核定。

(3)准许收益率的计算公式为

准许收益率=权益资本收益率 × (1-资产负债率)+债务资本收益率 × 资产负债率

1)权益资本收益率。原则上按不超过同期国资委对电网企业经营业绩考核确定的资产回报率,并参考上一监管周期省级电网企业实际平均净资产收益率核定。在总体收益率控制的前提下,考虑东西部差异,对涉及互助帮扶的省级电网企业收益率可作适当调整。

2)债务资本收益率。参考电网企业实际融资结构和借款利率,以及不高于同期人民币贷款市场报价利率核定。如电网企业实际借款利率高于市场报价利率,按照市场报价利率核定;如实际借款利率低于市场报价利率,按照实际借款利率加二者差额的 50% 核定。

3)资产负债率。按照国资委考核标准并参考上一监管周期电网企业资产负债率平均值核定。

3. 税金

税金是指除增值税外的其他税金,包括所得税、城市维护建设税、教育费附加,依据现行国家相关税法规定核定。

所得税=可计提收益的有效资产 × (1-资产负债率) × 权益资本收益率 ÷ (1-所得税率) × 所得税率

所得税率,按照税法有关规定核定。

城市维护建设税及教育费附加=(不含增值税的准许收入 × 增值税税率-准许成本进项税抵扣额) × (城市维护建设税税率+教育费附加计征比率)

四、输配电价的计算方法

1. 平均输配电价的计算公式

省级电网平均输配电价(含增值税)=通过输配电价回收的准许收入(含增值税)÷省级电网输配电量

其中，省级电网输配电量，按照省级电网公司销售电量计算，参考成本监审核定的历史电量及其增长情况，以及有权限的省级政府主管部门根据电力投资增长和电力供需情况预测的电量增长情况等因素核定。

2. 分电压等级输配电价

电压等级分为 500kV（750kV）、220kV（330kV）、110kV（66kV）、35kV、10kV（20kV）和不满 1kV 等 6 个电压等级。用户数较少的电压等级电价标准，可与相邻电压等级归并核定。

各电压等级输配电价=该电压等级总准许收入÷本电压等级的输配电量

某一电压等级总准许收入由本电压等级准许收入和上一电压等级传导的准许收入构成。

各电压等级准许成本、准许收益、税金构成：准许成本按固定资产原值、输送电量等因素归集、分摊至各电压等级，准许收益、税金按固定资产净值等因素归集、分摊至各电压等级（见图 3-1）。

3. 分用户类别输配电价

分用户类别输配电价，应以分电压等级输配电价为基础，综合考虑政策性交叉补贴、用户负荷特性等因素统筹核定。用户类别分类，以现行销售电价分类为基础，原则上分为大工业用电、一般工商业及其他用电、居民用电和农业用电类别，有条件的地方可实现工商业同价。

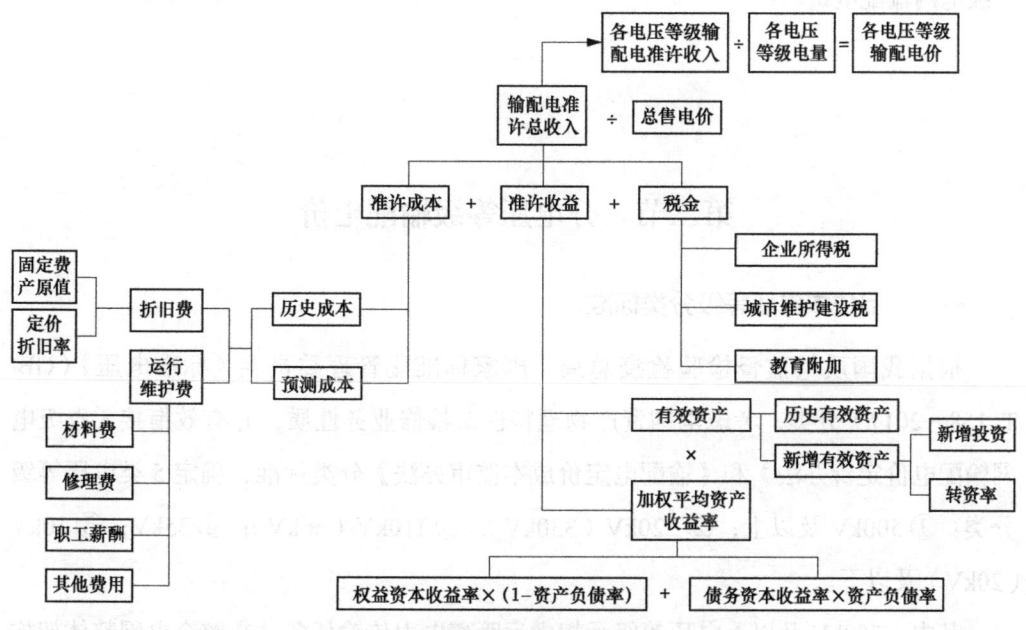

图 3-1　省级电网输配电价定价办法汇总表

根据各省具体情况，逐步缩减不同地区、不同电压等级、不同类型用户间的交叉补贴。

两部制电价的容（需）量电价与电度电价，原则上参考准许成本中折旧费与运行维护费的比例核定。省级电网综合线损率参考成本监审核定的上一监管周期实际综合线损率平均值核定，最高不得超过上一监管周期核定线损率。

本节小结

确定准许收入是进行输配电定价的前提条件。从我国政策来看，输配电准许收入由准许成本、合理收益和税金构成。省级电网平均输配电价由准许收入和输配电量计算所得。

准许成本包括折旧费和运行维护费。其中，折旧费指按与输配电服务相关的固定资产原值和一定折旧率计提的费用；运行维护费指电网企业维持电网正常运行的费用，包括材料费、修理费、职工薪酬和其他运营费用。

合理收益=可计提收益的有效资产 × 准许收益率。

税金主要是指增值税，根据《国家发展改革委关于电网企业增值税税率调整相应降低一般工商业电价的通知》（发改价格〔2019〕559号），电网企业增值税率调整至13%。

省级电网平均输配电价（含增值税）=通过输配电价回收的准许收入（含增值税）÷省级电网输配电量。

第二节 分电压等级输配电价

一、产品成本电压等级分类标准

根据我国质量监督检验检疫总局、国家标准化管理委员会《标准电压》（GB/T 158—2017）分类，考虑电网资产物理特性及检修业务性质，并有效衔接《省级电网输配电价定价办法》和《输配电定价成本监审办法》分类标准，确定5类电压等级分类：① 500kV及以上；② 220kV（330kV）；③ 110kV（66kV）；④ 35kV；⑤ 10kV（20kV）及以下。

其中，500kV及以上电压等级承担中远距离电力传输任务，在整个电网整体架构中功能统一、电力潮流调度统一、资产运检标准统一，因此500kV及以上合并为同一产品核算对象；10kV（20kV）及以下均为低压配电网，按照可比性和成本效益原则，将10kV（20kV）及以下合并为同一产品核算对象。

二、产品成本费用要素确定标准

依据《企业产品成本核算制度——电网经营企业》（财会〔2018〕2号），输配电服务成本是指电网经营企业为输送和提供电能在输配环节所发生的成本支出，主要包括与输配电网络及设备运行、维护等直接相关成本及间接分配计入的成本。依据《输配电定价成本监审办法》（发改价格规〔2019〕897号），输配电定价成本是指政府核定的电网企业提供输配电服务的合理费用支出。省级电网输配电定价成本，是指政府核定的省级电网企业为使用其经营范围内输配电设施的用户提供输配电服务的合理费用支出。

依据《企业产品成本核算制度——电网经营企业》（财会〔2018〕2号）文中产品成本费用要素内容，同时考虑电网经营企业现有科目体系设置，明确产品成本费用要素如下：

（1）折旧费，是指电网经营企业对输配电业务相关的固定资产，按照规定的折旧方法计提的费用。

（2）材料费，是指电网经营企业输配电业务耗用的消耗性材料、电能计量装置、事故备品、燃料和动力等费用。

（3）人工费，是指电网经营企业从事输配电业务的职工发生的薪酬支出，包括工资及津补贴、福利费（含辞退福利）、社会保险费用、住房公积金、工会经费和职工教育经费，以及发生的劳务派遣费及临时用工薪酬支出等。

（4）修理费，是指电网经营企业在维护电网运行安全、保证电能输配过程中发生的相关修理费用。

（5）输电费，是指电网经营企业为输送、购入或备用电力而支付给其他电网经营企业的过网费。

（6）委托运行维护费，是指电网经营企业委托其他单位进行电网运行维护、设备设施运行维护等发生的费用。

（7）电力设施保护费，是指电网经营企业为保护输配电设施而发生的电力设施标识费、补偿费、护线费等。

（8）租赁费，是指电网经营企业为输配电业务采用经营性租赁方式租入资产支付的费用，主要包括房屋及建筑物租赁费、通信线路租赁费、无线电频率占用费、设备租赁费、车辆及车位租赁费等。

（9）财产保险费，是指电网经营企业为与输配电业务相关设备、车辆、房屋建筑物等资产投保所发生的保费支出。

（10）安全费，是指电网经营企业的改造和维护安全防护设备、设施支出，配备必要的应急救援器材、设备和工作人员安全防护物品支出，重大危险源、重大事故隐患的评估、整改、监控支出等。

（11）检测费，是指电网经营企业根据法律法规和生产经营需要，对各类精密设备、仪器仪表、计量装置等进行检测、检定发生的费用。

（12）劳动保护费，是指电网经营企业为从事输配电业务的职工提供劳动保护用品发生的费用。

（13）办公费，是指电网经营企业为输配电业务发生的办公费用。包括办公用品及杂费、报纸杂志及图书费、印刷费、邮电费、办公通信费、办公设施耗材及维修费、气象服务费等。

（14）水电费，是指电网经营企业为输配电业务耗用的水、电、煤气费用等。

（15）差旅费，是指电网经营企业从事输配电业务的职工因公出差发生的住宿费、交通费、出差交通意外伤害险、住勤补贴等费用。

（16）会议费，是指电网经营企业为输配电业务召开或参加会议发生的费用。

（17）低值易耗品摊销，是指电网经营企业为输配电业务耗用的不能作为固定资产的各种生产及办公用工器具、物品的摊销费用。

（18）无形资产摊销，是指电网经营企业为输配电业务使用的专利权、非专利技术、土地使用权等无形资产，按规定进行摊销的费用。

（19）车辆使用费，是指电网经营企业为输配电业务发生的车辆修理、年检、停车、过桥过路、燃油、清洁等费用。

（20）其他费用，指不能列入以上各项成本费用要素的其他费用要素。包括研究开发费、业务招待费、中介费、咨询费、技术转让费、绿化费、广告费、物业管理费、信息系统维护费、出国人员经费、存货盘亏和毁损、长期待摊费用摊销、团体会费、党团活动经费、环境保护费、环评费、国际业务支出、无形资产后续维护及其他等。

三、分电压等级成本核算方案

1. 总体原则

输配电定价成本先按照"能直接归集到各电压等级的成本费用，应直接归集到相应电压等级，不能直接归集到各电压等级的共同成本费用，根据影响成本的主要因素分摊"这一原则进行初次分摊，再根据输送电量关系在各电压等级之间进行二次分摊。

2. 初次分摊方法

成本费用归集基本原则：谁受益谁承担。具体归集方法上按照"先专用、后共用"的原则填报。专用成本是可直接归集到各电压等级的成本费用；共用成本是不能直接归集到各电压等级的几个电压等级共同使用的成本费用。

（1）专用成本费用归集方法：此模型只有部分折旧费属专用成本，按所属输配电资产电压等级进行归集。

（2）共用成本费用分摊方法：成本分摊动因有资产原值、售电量、输送电量等因素。其中，不能直接归集的折旧费及运行维护费中的材料费、修理费、农维费、租赁费、委托运维费按照可归集到不同电压等级的资产原值所占比例分摊；运行维护费中的人工费及其他按照不同电压等级的输送电量进行分摊；运行维护中的研究开发费在各电压等级间进行均摊。

3. 二次分摊方法

二次分摊根据输送电量关系在各电压等级之间进行。其中：

某电压等级的导入成本 = Σ 高电压等级的导出成本 × 向本电压等级的传输电量占比

某电压等级的导出成本 = 某电压等级的总成本 × 1 − 某电压等级的本级售电量占比 − 某电压等级的省外送电量占比（其中，500kV 的变电资产对应成本全部传导到下级）

某电压等级总成本 = 待传导成本（初次归集和分摊后的成本合计） + 导入成本

省内传导后某电压级等级总成本 = 各电压等级总成本 − 导出成本 − 省外送电量应承担成本

4. 各电压等级单位电量输配电成本

某电压等级单位电量输配电成本 = 省内传导后某电压级等级总成本 ÷ 该电压等级销售电量

本节小结

输配电服务成本，是指电网经营企业为输送和提供电能在输配环节所发生的成本支出，主要包括与输配电网络及设备运行、维护等直接相关成本及间接分配计入的成本。输配电定价成本，是指政府核定的电网企业提供输配电服务的合理费用支出。省级电网输配电定价成本，是指政府核定的省级电网企业为使用其经营范围内输配电设施的用户提供输配电服务的合理费用支出。

输配电定价成本先按照"能直接归集到各电压等级的成本费用，应直接归集到相应电压等级，不能直接归集到各电压等级的共同成本费用，根据影响成本的主要因素分摊"这一原则进行初次分摊，再根据输送电量关系在各电压等级之间进行二次分摊。

第三节 专项服务定价

专项服务价格是指电网经营企业利用专用设施为特定用户提供服务的价格，分为接入（出）价、专用工程输电价和联网价三类。此类服务相对容易明确具体输电设备的使用对象、分摊对象，因此其定价方法相较于共用网络输配电定价更为简单。本节重点介绍各类型专项服务定义及其定价方法。

一、接入与接出价

接入价指电网经营企业为发电厂提供接入系统服务的价格。其中，接入系统服务指电网企业为发电厂提供专用接入系统设施，将发电厂的电能从厂网产权分界点（通常为电厂升压变压器高压侧）送至共用网络第一落点的服务。接入系统资产，通常包括送出线路和站内设施（主要是断路器及间隔）两部分。若线路资产的所有权属于电厂，则电厂接入系统设施仅包括站内设施。

接入费用一般应由接入系统的电厂支付，电厂按相应的接入价及接入容量缴纳接入费用。接入价由政府价格主管部门根据接网资产的情况核定的接入系统工程准许收入为基础制定，实行单一制容量电价。接入系统工程准许收入由准许成本、准许收益和税金构成。

准许成本由折旧费和运行维护费用构成。其中，折旧费以政府价格主管部门核准的有效资产中可计提折旧的固定资产原值和国务院价格主管部门制定的定价折旧率为基础核定，运行维护费用原则上以电网经营企业的社会平均成本为基础核定。

准许收益等于有效资产乘以加权平均资金成本。有效资产由政府价格主管部门核定，包括固定资产净值、流动资产和无形资产（包括土地使用权价值、专利和非专利技术价值）三部分，不含应当从电网经营企业分离出去的辅业、多经及三产资产。在建工程投资应按上年实际有效投资计入有效资产。有效投资是指经政府主管部门核定，符合项目核准、招投标法等规定的投资。

$$\text{加权平均资金成本}（\%）=\text{权益资本成本} \times (1-\text{资产负债率}) \\ +\text{债务资本成本} \times \text{资产负债率} \quad (3-1)$$

接入系统工程 i 的单一制容量接入价 P_i^{entry} 的计算公式为

$$P_i^{\text{entry}}=\frac{A_i^{\text{entry}}}{D_i^{\text{entry}}} \quad (3-2)$$

式中：A_i^{entry} 为接入系统工程 i 的准许收入；D_i^{entry} 为电厂的接入容量。

接入价主要是解决竞价上网后电厂间公平竞争和公平负担问题。一是自行投资建设和电网投资建设接入工程的电厂成本有所差异，为了使这些电厂在一个市场内能相对公平竞争，需要考虑接入价；二是有利于资源优化配置，接入价能为新电厂接入系统提供价格信号，促使其从经济上考虑选择合理的接入系统位置，从而在一定程度上优化发电和电网投资、减少电力供应成本。

接出价的定义与接入价类似，是指电网企业为特定用户提供接出系统服务的价格。接出价由政府价格主管部门根据接网资产的情况核定的接出系统工程准许收入为基础制定，一般实行单一制容量电价，由用户承担，接出系统工程准许收入的核定办法与接出工程一致。接出价的实行是有条件的，应当是参与电力市场竞争的市场主体才有实行接出价的必要。

接出系统工程 j 的单一制容量接入价 P_j^{exit} 的计算公式为

$$P_j^{\text{exit}}=\frac{A_i^{\text{exit}}}{D_j^{\text{exit}}} \quad (3-3)$$

式中：A_j^{exit} 为接出系统工程 i 的准许收入；D_j^{exit} 为负荷的接入容量。

二、专用工程输电价

按《输配电价管理暂行办法》，专用工程输电价指电网经营企业利用专用工程提供电能输送服务的价格，专项服务多为跨区、跨省输送电服务，主要是"厂对网"服务模式。专项输电工程与接入系统工程的主要区别在于：专项输电工程一般是接入其他地区电网进行跨区、跨省输电；而接入系统工程是接入当地电网向本地区输电。

专用工程的准许收入核定方法与接入系统工程一致，当两个及以上用户共用专用工程输电的，可按各方使用输电容量的比例分摊准许收入。专用工程输电价格以政府价格主管部门核定的准许收入为基础制定，可以实行单一制电价或两部制电价。在两部制电价情况下，容量电价按输送容量确定，反映专用工程的固定成本，以保障专用工程线路的投资者的合理收益；电量电价按输送电量确定，主要反映输送电能的变动成本。目前，我国专项工程输电价通常由用户侧承担。

专用工程 i 的两部制输电价计算公式如下：

1. 专用工程 i 的电量价格 $P_i^{zy\_Q}$

$$P_i^{zy\_Q} = \frac{A_i^{zy} \alpha_i^{zy}}{Q_i^{zy}} \quad (3-4)$$

式中：A_i^{zy} 为专用工程 i 的准许收入；α_i^{zy} 为电量电价需分摊专用工程 i 的准许收入的比例；Q_i^{zy} 为专用工程 i 的输送电量，可根据输电工程设计（或实际）多年的输送电量确定。

2. 专用工程 i 的容量价格 $P_i^{zy\_D}$

$$P_i^{zy\_D} = \frac{A_i^{zy}(1-\alpha_i^{zy})}{D_i^{zy}} \quad (3-5)$$

式中：D_i^{zy} 为专用工程的输电容量。

三、联网价

按照《输配电价管理暂行办法》，联网价即电网之间电能输送服务的结算价格，一般是区域电网之间的输电价格，向互联的两个电网收取。联网可分为直流和交流联网两种形式。联网工程的准许收入的核定方式与接入、接出工程核定方式相同。

在电力市场化交易尚未大规模开展以前，联网工程兼有输送电能和事故备用的功能，因此对于没有长期电量交易的联网工程，联网价一般实行单一制容量电价。对具有长期电量交易的联网工程，联网价一般实行两部制电价，其中，联网容量电价是为联网备用输电容量制定的价格，由联网双方支付；联网电量电价是为长期电量输送服务制定的价格，一般由受端电网支付。

1. 没有长期电量交易的联网工程

联网主要起到提供互为备用的功能，以保证电网安全，因此交易电量较少，若采取电量价，其价格水平较高，影响电力交易，且考虑到长期交易的电量较少且不稳定性，采用电量价也难以保证电网的收入。因此，可采用容量价反映联网工程为互联的两个电网提供的备用功能。计算公式如下：

$$P_i^{\mathrm{a}} = \frac{A_i^{lw} k^{\mathrm{a}}}{D_i^{\mathrm{a}}} \qquad (3-6)$$

$$P_i^{\mathrm{b}} = \frac{A_i^{lw}(1-k^{\mathrm{a}})}{D_i^{\mathrm{b}}} \qquad (3-7)$$

式中：P_i^{a} 为联网工程 i 在输电网 a 的价格；P_i^{b} 为联网工程 i 在输电网 b 的价格；A_i^{lw} 为联网工程 i 的准许收入；k^{a} 为输电网 a 分摊联网费用的比例；D_i^{a} 为电网 a 接入电网工程 i 的接网容量；D_i^{b} 为电网 b 接入电网工程 i 的接网容量。

若双方电网规模相当，联网双方的分摊比例应相同；若是大电网为小电网提供备用，小电网的分摊比例应高于大电网的分摊比例。

2. 有长期电量交易的联网工程

对于具有长期电量交易的联网工程的联网价实行两部制电价，容量电价为联网工程所提供的备用输电容量的价格，向联网双方收取；电量电价为联网工程所提供的长期电量输送的价格，向受电方收取。计算公式如下：

联网容量价：

$$P_{i,l}^{\mathrm{a}} = \frac{A_i^{lw} k^{\mathrm{a}} s_{\mathrm{d}}}{D_i^{\mathrm{a}}} \qquad (3-8)$$

$$P_{i,l}^{\mathrm{b}} = \frac{A_i^{lw}(1-k^{\mathrm{a}}) s_{\mathrm{d}}}{D_i^{\mathrm{b}}} \qquad (3-9)$$

式中：$P_{i,l}^{\mathrm{a}}$ 为联网工程 i 在输电网 a 的容量价；$P_{i,l}^{\mathrm{b}}$ 为联网工程 i 在输电网 b 的容量价；s_{d} 为联网功能占总费用（准许收入）的比例。

联网电量价：

$$P_{i,l}^{\mathrm{q}} = \frac{A_i^{lw}(1-s_{\mathrm{d}})}{Q_i} \qquad (3-10)$$

式中：$P_{i,l}^{\mathrm{q}}$ 为联网工程 i 的电量费；Q_i 为年输送电量。

但在我国电力市场化程度逐步提高的背景下，当有跨省、跨区的市场化交易需求时，电量电价的存在将会降低送端电源的竞争力，增加省间交易的壁垒。若电量电价过高，一定程度上将影响送端省份优质清洁能源的消纳，不利于更大范围的资源优化配置。国外的普遍做法是将联网工程的全部费用分摊至相关电网，不再单独针对跨区域输送电量收取电量电费。

本节小结

专项输电工程是指输电公司为特定用户提供送电专项服务的工程，分为接网工程、专用工程和联网工程。专项输电工程相对容易找到该工程的使用用户及成本分摊对象，因此可按"谁受益，谁承担"的原则，单独核定各专项输电工程的准许收入，将其分摊至相应的用户，最终形成接入（出）价、专用工程输电价、联网价。

按照此前的《输配电价管理暂行办法》，对于接入和接出工程，应分别针对发电厂和用户收取费用，采用单一容量制。对于专用工程输电价和联网价，可采用一部制和两部制。采用单一制电量输电价的，输电费的收入等于输电价格与实际输电量的乘积，适用于输电设备利用率较高的专项输电工程。采用单一制容量输电价的，适用于没有长期电量交易的联网工程，反映该类专项输电工程的联网备用价值。但在电力市场化改革逐步深入推进的背景下，由于具有跨省、跨区的市场化交易需求，对于联网价而言，电量电价的存在将会降低送端电源的竞争力，增加省间交易的壁垒，不利于更大范围的资源优化配置。

鉴于专项输电工程作为直接联系送电方和受电方的重要桥梁，该环节的经营风险势必影响我国进一步扩大电力资源优化配置的整体发展。因此，在制定各类型专项工程输电价过程中应考虑到市场设计的目的以及送、受电端电力供需形势等因素。

第四节　两部制电价

一、两部制电价的作用及设计的基本原则

1. 两部制是国际通用的电费收取制度

最早的用户电价收取制度是单一电量电价，存在于电力工业发展初期。随着工业负荷的快速增长，英国著名电力工程师约翰·霍普金森（John Hopkinson）博士于1882年提出，工业用户每个月的电费账单应由需量付费和电量付费两部分构成。需量付费根据需量电价（Demand Charge）和最大需量表统计的过去12个月的最高负荷（以每30分钟为周期统计）计算；电量付费仍根据电量变化计算。此后，终端用户的两部制电价逐渐被广泛采用。

电力市场化改革后，电价规制主要存在于输电、配电环节，输、配电用前电费支付方式仍以两部制最为常见。根据欧盟统计，成员国输电成本中，38%通过容量电费和固定费收回，配电成本中约有40%通过容量电费和固定费收回。美国、澳大利亚、

南非、马来西亚、新加坡等国家也普遍实行两部制价格。只有少数国家和地区，如法国、意大利和美国的宾夕法尼亚、新泽西、马里兰州（PJM）等，对输电价格实行"固定费＋容量电价"或"容量电价"，美国加州则对输电价格实行单一电量制。

两部制电价通常在一定电压等级或用电规模以上的工商业用户中实行。多数国家和地区为"容量（需量）电价＋电量电价"，少数实行三部制电价["固定费＋容量（需量）电价＋电量电价"]。

在输电环节，澳大利亚、德国、荷兰、挪威、西班牙、菲律宾、南非和英国实行"容量（需量）电价＋电量电价"。

在配电环节，澳大利亚 Energy 公司、荷兰 ENECO 公司、美国 SDG&E 和 PSEG 公司，以及西班牙、捷克、克罗地亚、立陶宛、卢森堡、斯洛伐克、丹麦、加拿大等国实行"容量（需量）电价＋电量电价"。澳大利亚 Energex 公司、英国 London Energy 公司、意大利 Enel Distribuzione 公司、挪威 Viken 公司、美国 RG&E 和 CMP 公司，以及奥地利、德国、法国、匈牙利、马耳他、葡萄牙、爱尔兰、芬兰、加拿大等国实行"固定费＋容（需）量电价＋电量电价"。

在管制终端（零售）环节，希腊 DEI 公司、西班牙 Iberdrola 公司、美国的 SDG&E、PSEG 和 CMP 公司、日本 TEPCO 公司等实行"容（需）量电价＋电量电价"。法国 EDF 公司、意大利 ENEL 公司、新西兰 Contact Energy 公司等实行"固定费＋容（需）量电价＋电量电价"。

对居民用户和其他小用户，美国大部分电力公司实行"固定费＋电量电价"，新加坡、澳大利亚、加拿大、马来西亚也大体相同。根据欧盟对居民配电价格结构的统计，大部分成员国如奥地利、比利时、塞浦路斯、捷克、丹麦、德国、匈牙利、爱尔兰、卢森堡、马耳他、波兰、瑞典、荷兰、英国等，实行"固定费＋电量电价"；少数成员国如爱沙尼亚、芬兰、希腊、葡萄牙、斯洛伐克、斯洛文尼亚和西班牙，实行"容量电价＋电量电价"；只有法国和意大利实行"固定费＋容量电价＋电量电价"。也有国家和地区，如澳大利亚的 Energex 等，允许居民用户在两部制和单一制间进行选择。

2. 两部制电价的作用

（1）减少沉没成本，提高固定资产投资和使用的效率。

两部制价格通常用于沉没成本高的行业定价，以支持买卖双方建立长期、稳定的合作关系。电力行业固定资产投资规模巨大，成本回收期长，且大多属专用资产，一旦投入，基本无法转作他用，沉没成本极高。为此，必须有相应的制度安排，以减少电力行业的沉没成本，提高固定资产使用效率。电力系统负荷由所有用户的负荷叠加而成，既取决于每个用户的负荷量，也与用户的负荷特性（用电行为）密切相关。两部制电价将电力企业向用户收取的电费分成按用电设备负荷需量收取的"需量电费"和按实际用电量收取的"电量电费"两部分。其中的"需量电费"，就是用于反映用户对系统长期投资的责任。如果标准及执收制度合理，用户会谨慎安排自己的用电设备负荷并尽可能使之合理运行。这就为系统供电设备容量的整体安排以及固定资产投资计划奠定了基础。在此基础上，进而确保系统规划的科学性，并使容量资源得以优化配置，沉没成本随之减少，电力系统的固定资产投资和使用效率得以保障。因此，只要方便执行，电价的结构设计均应将两部制作为重要的内容之一。

（2）体现成本责任，保障公平用电。

两部制电价与按电压等级、负荷特性分类定价一样，也是用户公平分摊、析成本的重要方式。电网的固定成本主要源于输、配线路和变电设备投资。成本责任，既与其接入的电压等级有关，也与其负荷大小、用电特性有关。如果接入系统的电压等级相同，则其成本责任就取决于负荷的大小和特性。如前所述，电力系统的容量资产投资以高峰负荷需要为依据，而高峰负荷既决定于用户的用电设备负荷，还与用户的负荷特性相关。因此，电网作为一种投资巨大且专用性极强的公用设施，其成本在用户间分摊必须与用户的负荷需量挂钩。所以，在电力用户的电费支出中，安排一部分与负荷相关的电费支出，对于确保电价结构制度的公平性是非常必要的。

3. 两部制电价设计的基本原则

两部制电价的设计，包括执行范围、执行标准、执行方式等多个方面。这些问题都将在后面的章节陆续讨论。下面阐述两部制电价设计应遵循的基本原则。

（1）促进系统科学规划和用户负荷计划合理。

如前所述，电力行业固定资产投资规模巨大，沉没成本极高，需量电费能准确反映用户对系统长期投资的责任，为系统供电设备容量的规模和投资安排奠定科学的基础。因此，一般而言，两部制电价涵盖的用户范围必须足够大，才能为系统容量投资提供准确的信息和依据。此外，电网的固定投资成本通常占到总成本的2/3以上，需量电费占用户电费总支出的比重也应适度，以对用户负荷计划产生足够的影响，并促使其尽可能减少负荷资源的浪费。

（2）有利于促进公平、公正。

如前所述，电力系统的容量资产投资以高峰负荷需要为依据，而系统高峰负荷既决定于用户的用电设备负荷,还与用户的负荷特性相关。两部制电价的标准和执收方式应该尽可能与这种相关性相符。例如,接入同一电压等级的电力用户,在其他条件相同的情况下,负荷大的与负荷小的相比,无疑应支付更多的需量电费;再如,在接入电压等级和负荷容量相同的条件下,系统高峰负荷的同时率高的用户比低的用户应支付的需量电费也应较多一些。

(3)兼顾制度成本与收益的关系。

两部制电价的政策收益如前所述,但任何政策的实施都需要成本,只有政策的预期收益大于预期成本时,才具有可行性。在电价结构设计中,复杂的电价结构可能更好地反映用电成本、更符合效率和公平原则,但是实施成本可能更高。如果用户难以理解,或者响应难度大,预期收益将进一步下降。因此,"用户理解、执行方便"通常为现代国家电价结构设计者所遵循。就两部制电价而言,国外的研究和分析表明,除非用户能实时跟踪需量(负荷)水平,容(需)量电价才能在一定程度上为用户改变用电行为提供信号,才能达到政策预期的目标。整体而言,对大用户实施两部制电价的收益—成本比明显优于单一制电价,而对小用户实施两部制电价优势可能并不明显。因为工商业用户容(需)量规模大,具有跟踪和调整用电负荷的能力,对其实行容量电价,响应成本低,收益大,降低负荷不仅能节约可观的容量费用,而且能对降低系统最高负荷作出较大的贡献。居民用户和其他小型用户,容(需)量规模小,并且这些用户的最高负荷与系统高峰同时出现的概率小(即同时率低),不仅响应难度大,而且对降低系统高峰负荷的作用也较小。如按系统高峰时的用电负荷收取容(需)量电价,难以获得理解,执行成本也高。因此,对于用电量少的小用户,通过分时的电量电价足以使其对系统负荷状况作出适度的反应,且电价管理简单许多。因此,国外通常对一定规模以上的(工商业)用户实行"容(需)量电价 + 电量电价"的两部制电价,而对居民只实施电量电价或"电量电价 + 固定费"的电价形式。两部制电价与单一制电价比较见表3-1。

表3-1　　　　　　　　　两部制电价与单一制电价比较

价格结构设计的原则	单一制电价	两部制电价
原则一:效率和公平	单一电量电价不能反映用户容(需)量的成本责任;单一容量电价不能体现不同负荷率用户的成本责任	能较好地反映长期边际成本以及用户容(需)量和负荷率(电量)的成本责任,符合效率和公平负担原则

续表

价格结构设计的原则	单一制电价	两部制电价
原则二：执行简便（用户响应的收益是否高于响应成本）	执行简便	虽然执行较单一制复杂，但是政策实施的净收益显著提高（针对一定规模以上用户）
其他原则：企业收支平衡	可实现	可实现
综合评价	与单一制相比，两部制电价能更好地平衡上述原则（一定规模以上用户）	

二、典型国家和地区实施两部制电价的经验

1. 基本电费计收方式

（1）按用户实际最大需量（用户最高负荷）计费最为常见，一些国家或地区按合同最大需量计价或两种方式相结合。

①按用户实际最大需量计费最为常见。实际需量指 15 分钟、30 分钟或 60 小时的平均负荷；实际最大需量指一定周期内（如 1 个月）最高的实际需量。

大部分国家（地区）按当月实际最大需量收取容（需）量电费，少数按过去一段时间（如 12 个月）的实际最大需量收取，或者两种方式相结合。以美国为例，加州、新英格兰等地区按月计量最大需量（每 15 分钟统计一次）作为收取需量电费的依据。也有部分电力公司实行追溯性收费，即按过去一段时间如前一个夏季或者前 12 个月的实际最大需量计算。又如早在 1882 年两部制电价刚被引入时，采用的就是按过去 12 个月的实际最大需量（每 30 分钟统计一次）收费的方式。

在按用户实际最大需量收费的国家和地区中，大部分以 kW（即有功功率）为单位，少数如澳大利亚 Energex 公司以 kV·A（视在功率）为单位。澳大利亚 Energex 公司认为，按千伏安（视在功率）能同时反映用户的功率因数（kW/kV·A）和用户在系统高峰时对系统容量的影响。因而，如对无功功率单独收费，则不需要按千伏安收费。

少数电力公司还同时规定了最低需量要求，即用户实际最大需量未达到规定的最低值时，按该最低需量值计费。如我国香港中华电力公司，按用户每月最高需求量收取容量电费，但同时规定了最低需求量收费。大量用电用户（现时或预期月用电量不少于 20000kW·h）月最高需求量 650kV·A 及以下部分，每千伏安收费 68.4 元；

650kV·A 以上部分，每千伏安收费 65.4 元；最低需求量收费以 100kV·A 计算。高需求用电用户（现时或预期需求量不少于 3000kV·A）月最高需求量 5000kV·A 及以下部分，每千伏安收费 120.3 元，超过部分每千伏安一律收费 115.3 元；最低需求量按前 12 个月夏季月份"高峰用电时间"最大需求量的 50% 计算。

②按合同最大需量收取，超过合同量以上的部分加价，合同最大需量调整周期一般不能短于 1 年或 1 个季度。如英国 Western Power 配电公司，超过合同需量（按千伏安计）以上部分，超高压用户不加收，高压用户加收约 50%，低压用户加收约 120%；合同需量最短 12 个月调整一次。再如新加坡 SP 公司实行管制零售电价，按合同最大需量（按千瓦计）收取，超过合同的部分，容量电价标准提高 50%。法国 EDF 的输电用户在连接到电网时也需要选择合同需量（也称预订需量，subscribed demand），并以此作为付费依据；如果用户实际负荷低于合同需量，按合同需量付费（除非用户需求降低约定需量水平），超过合同需量部分可能面临严重的罚款。

按合同容（需）量收费的主要理由是，预订合同容量代表用户预订一定的电网容量，从而电力系统运营商能据此更好地预测未来需求，更好地规划和运行，同时也意味着用户侧面临一定的约束和责任。而挪威研究报告认为，只有在用户需量超过预订限制时，按合同容（需）量收费才提供改变行为的强烈激励，与按用户计量最高负荷计价相比，在有效提高电网发展效率方面的作用不明显，其公共咨询的反馈意见也表明按合同容（需）量收费不被推荐。

③一些国家（地区）采用上述两种计价方式的组合。如荷兰 ENECO 公司对其用户，按合同最大需量、月实际最大需量及各自的电价标准收取容量电分别占 50%（同时容量电费占总电费的比例也为 50%）。

④一些国家（地区）允许用户选择上述两种方式中的一种。澳大利亚 Transgrid 公司允许用户选择按月计量最大需量计价，也允许用户选择按合同最大需量计价。加拿大阿尔伯特省也允许用户选择按实际或合同最大需量支付电费。意大利对不同用户，也分别允许选择按合同最大需量或月实际大需量、每星期实际最大需量计价。

⑤对非典型用户或高负荷系数用户给予电价优惠。如德国，将高峰负荷明显与系统高峰不同的用户称为非典型用户（atypical customers），其电价比一般电价低 20%；用电密集型用户"intensive customers"（年利用小时高于 7000h，并且用电量超过 10GW·h），电价可优惠 10%~20%。

部分国家和地区（电力公司）需（容）量电价计价方式比较见表 3-2。

表 3-2　　部分国家和地区（电力公司）需（容）量电价计价方式比较

环节	国家/地区（电力公司）	同时最大需量	实际最大需量	合同最大需量	备注
输电需量电价	澳大利亚		√	√	允许用户二选一
	澳大利亚 Transgrid 公司		√	√	允许用户二选一
	英国国家电网公司	√			仅限分时电表用户，单一需量电价
	德国		√		
	意大利			√	
	荷兰		√	√	月最大需量+合同最大需量+周最大需量
	新西兰		√		实行单一需量电价
	加拿大阿尔伯特省		√	√	允许用户二选一
	加拿大安大略省	√	√		取（系统）同时最大需量和（非同时）实际最大需量85%的较大值
	法国			√	超出合同以上部分面临罚款
配电需量电价	澳大利亚 Energy Australia 公司		√		容量电价（年最大需量）+需量电价（月最大需量）
	英国 London Energy 公司		√		按上一年实际最大需量
	英国 WestemPower 公司			√	超过合同需量以上部分，超高压用户不加收，高压用户加收约50%，低压用户加收约120%；合同需量最短12个月调整一次
	法国 EDF 公司		√	√	合同最大需量+实际最大需量（分4个点，冬季/夏季—高峰/低谷）

续表

环节	国家/地区（电力公司）	同时最大需量	实际最大需量	合同最大需量	备注
配电需量电价	荷兰 ENECO 公司		√	√	分别占需量电费的50%（需量电费占总电费的50%）
	美国 SDG&E 公司		√		
	美国 PSEG 公司		√		
	美国 RG&E 公司		√		
	美国 CPM 公司		√		
	加拿大 ATCO 公司		√		
终端需量电价（管制用户）	希腊 DEI 公司			√	超出部分面临罚款
	西班牙 Iberdola 公司			√	
	美国 SDG&E 公司		√		
	美国 RG&E 公司		√		实际最大需量+合同最大需量（按季调整）
	美国 ESEB 公司		√		
	新加坡 SP 公司			√	超出合同最大需量部分加 50%

注："同时最大需量"指系统高峰时刻（1个或几个）时计量的用户最大需量；"实际最大"指用户账单周期内（如每月）计量的最大需量（如每 15 或 30 分钟平均负荷）；"合同最需量"指用户与电力公司约定的最大需量，如实际最大需量不超过合同值，按合同值结算，超出部分一般面临"罚款"。

（2）按同时高峰负荷（系统高峰时的用户负荷/需量）计价在实践中较少出现，而在各类用户之间分摊成本时较为常见。

前述按实际最高负荷（即实际最大需量）收取容量电价的方式，经常受到反对者的批评。因为与需量或容量相关的成本，与系统高峰负荷而不是每个用户的最高负荷相关联。用户的最高负荷可能发生在任何季节、任何时间，并不一定是系统高峰时刻。只有当地的配电设备如线路变压器按单个用户负荷设计。

从体现成本责任、促进效率和公平负担的角度，容量电价按同时最高负荷收取更合理，但各国实践中几乎没有使用，只有个别电力公司按过去 12 个月的同时最高负荷收取，但因其提供的信息过于滞后，也常被批评。根据资料显示，英国国家电网公司对安装了分时电表的用户，按系统高峰负荷（每年3个最高峰时段）时的用户计量负荷收费；加拿大安大略省按系统高峰负荷收取容量电费；也有一些电力公司输电容量电价依据同时高峰（CP）需量和高峰时段中85%的非同时高峰（NCP）需量二者中的较高者征收；也有一些国家和地区采取了近似的处理方法，即以用户在系统高峰用电时段（如早7点到晚7点）的最大需量作为收费的依据。

一些文献认为，实践中较少采用按系统高峰同时最大需量收费的主要原因，可能是按同时最高负荷计费透明度低，不确定性大，用户难以预测系统最高负荷出现的时间，响应难度大，且不易被用户理解，结算时容易出现纠纷；而按用户自身的最高负荷收费，更便于用户理解和作出响应，以控制用电负荷。

国外普遍认为，按用户最高负荷而不是系统高峰时的用户负荷（比例）收费，虽然有一定错配（一定程度上反映对系统高峰的贡献，一些用户多负担了，另外一些用户少负担了，取决于同时率），但是执行简便，用户能够控制自身负荷，提前安排生产。按上一年系统最高负荷回溯较为简单，但不鼓励当年的能源效率提高，因为很大一部分成本固定，降低高峰负荷不会节约电费，一直到下一年，也会错配高峰成本和高峰用量。按系统同时负荷更常见于价格结构设计的上一环节，即将成本分摊到各类用户，虽然不直接面向用户，但也体现了不同类别用户的成本责任。

（3）按变压器容量或连接容量收费，一般出现于接入费，而并非共用网络价格中的容（需）量电价。

根据目前掌握的资料，较少采用按变压器容量收取容量电价。爱尔兰规制机构认为，按变压器容量收取容量电价，用户管理简单，但不能引导降低最高负荷，属于静态的价格。用户有权利连接和使用电网，电网必须装容量提供电力，但所有用户不可能同时按最高负荷用电。用户安装容量表明了电网的规模，所有用户为接入电网（获得所有用电权利）支付年度费用是合理的，但一般通过接入费方式付费。接入费的征收是为了收回分摊的电网接入服务成本，按变压器容量收取。由于接入服务成本是一次性发生的成本，通常一次性收取；也有少数国家和地区按年、月甚至按日收取。如西班牙分用户类型制定连接费，按年收取，计量单位为欧元/kW·年；澳大利亚则将接入服务成本按年计算后，转化为每天的固定费用。

2. 确定需（容）量电价和电量电价分类标准的方法

在两部制电价中，不仅是电量电价，容量电价的标准也因用户类别不同而不同。

发达国家通常根据电力消费的共同属性将全部电力用户分为若干类型，分类依据主要是电压等级、用户群体、合同容量/功率、年利用小时、年用电量、计量系统等中的一项或几项，以反映各类用户成本的差异性。用户分类依据见表3-3。

表3-3　　　　　　　　用户分类（需量电价分类标准）依据

分类依据	含义
电压等级	即用户接入点所在的电压等级，将全部电压等级分为若干组
电力用户群体/类别	依据电力用户的特点进行划分，电力用户的分类通常由其类型所决定（小居民用户、居民用户、农业、商业、小型工业、公共照明系统、公共充电桩等）
合同容量/功率	根据电力用户所需要的合同容量/功率范围进行界定
年利用小时	一年中按满负荷运行时的等效利用小时
年用电量	按不同的年电力消费量（kW·h/年）区间进行界定
地理区域	不同区域实行不同的价格，常见于输电价格中
计量系统	根据电表等计量装置获取数据的功能设计公共网络使用费水平（如通过智能电表计量分时消费量、高峰需量等）

以配电价格为例，大多数欧盟成员国将电压等级作为界定共用网络使用费分类的主要因素。如丹麦、爱沙尼亚、罗马尼亚、斯洛文尼亚，以及澳大利亚能源公司和挪威Viken公司，均采用电压等级作为界定共用网络使用费分类的唯一因素。也有一些国家同时采用电压等级和合同容量/功率作为主要分类依据，如奥地利、法国、希腊、匈牙利、荷兰、波兰、葡萄牙和西班牙。克罗地亚、塞浦路斯、捷克、意大利、立陶宛、斯洛伐克、美国和加拿大等国则根据电压等级和用户类型（如居民用户、小工业用户、大工业用户等）设定共用网络使用费。而捷克、芬兰、爱尔兰和马耳他等国，共用网络使用费依据电压等级、用户类型和合同容量确定。计量系统是部分国家用于界定共用网络使用费分类的标准之一。采用这一标准的国家包括奥地利、克罗地亚、法国、德国、希腊、爱尔兰、卢森堡、英国、美国和加拿大。也有少数国家将年电力消费量作为另一个界定共用网络使用费分类的因素，如芬兰和马耳他。

法国、德国将电压等级和合同连接容量（contracted connection capacity）的负荷率（利用小时）作为指标，即消费量与合同连接容量的比例。法国的输电价格，在每一电压等级，根据用户负荷曲线确定用户价格（容量和电量价格）。为执行简便，仅考虑和采用典型的用户负荷曲线。按年利用小时分为4000h以上、2500～4000h之间、2500h 以下三类用户。长期使用电网设备的用户需支付较高的容量电价和较低的电量电价，反映其更高的容量成本责任，促进其降低高峰负荷；而短期使用电网设备的用户则支付较低的容量电价和较高的电量电价，反映其更低的容量成本责任，促进其降低单用电量。德国的配电价格，同一电压等级用户按年利用小时数分为两类：低于2500h 的用户，容量电价较低、电量电价较高；高于2500h 的用户，容量电价较高、电量电价较低。

3. 需（容）量电价、电量电价与分时电价的结合

在许多国家或地区，两部制电价（输电、配电或零售）引入了季节性电价、分时电价或二者同时实行。季节性电价一般按照夏季和冬季划分。分时电价主要按照用电负荷的峰—平—谷划分，也有国家简单地按日—夜划分。

根据掌握的资料，仅在电量电价中实行季节性电价和（或）分时电价较普遍。据欧盟统计，26个成员国中有15个国家在容量或电量电价中采用分时定价，其中奥地利、克罗地亚、捷克共和国、爱尔兰、立陶宛、葡萄牙、西班牙和英国等12个国家对电量费用采用分时定价的方法。分时电价鼓励电力用户在非高峰时段使用电力，从而降低高峰时段的电力消费量，平衡电网消耗。如在奥地利，有4个时段（冬季和夏季均划分为高峰和非峰时段）和15个区域；在爱尔兰、克罗地亚、爱沙尼亚和立陶宛，电量费用分时部分有1~2个时区；在西班牙，电量费用分时部分划分为3个时区。挪威的输电电量电价分为冬季白天、冬季夜晚、周末和夏季4类；意大利（高压用户）、荷兰（低压用户）、爱尔兰等国在配电价格中采用分时电价，挪威则同采用了季节性电价和分时电价（冬季白天/冬季夜晚/周末/夏季）。新加坡SP公司则同时在终端电价的电量电价中引入了季节性电价和分时电价。

一些国家和地区（电力公司）同时在容量电价和电量电价中实行季节性电价和（或）分时电价。如法国同时在输电容量电价和电量电价中引入了季节性电价和分时电价，分为冬季工作日、冬季周末和夜晚、夏季工作日、夏季周末和夜晚4类。南非也在输电容量电价和电量电价中引入了季节性电价，分为高需量季节（6~8月）和低需量季节（9~5月）。

4. 需（容）量电费与电量电费的相对比例

根据欧盟统计，欧盟成员国平均输电和配电价格中，容量电费（含固定收费）和电量电费的比例约为40%:60%，但不同国家差别较大。在输电环节，按容量电价占比由低到高排序，北爱尔兰和芬兰的容量电价占比不足10%，冰岛、黑山、英国和德

国的容量电价占比在80%及以上，其余大部分国家的容量电价占比在30%～70%。在配电环节，最低的容量电价占比同样不足10%，而最高则超过90%。两部制电价中的容量电价用于收回部分或全部与容量相关的成本，具体比例取决于决策者的偏好，即在成本责任、效率信号、执行简便、公共政策取向等多种目标之间的平衡。因而，不同国家的比例存在较大的差异。欧盟TSO成员国2016年输电价格中容量电费比例见图3-2，欧盟成员国两部制配电价格收入的构成见表3-4。

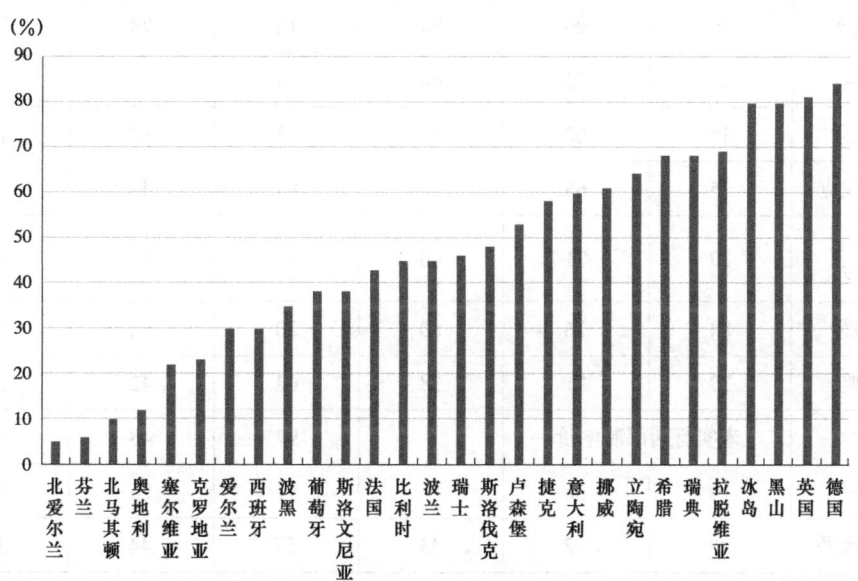

图3-2 欧盟TSO成员国2016年输电价格中容量电费比例

表3-4　　　　　　　　欧盟成员国两部制配电价格收入的构成

国别	居民用户		小工业用户		大工业用户	
	固定费用+容量部分	电量部分	固定费用+容量部分	电量部分	固定费用+容量部分	电量部分
奥德利	10	90	60	40	48	52
塞浦路斯	25	75	2	98	未实行两部制电价	
捷克	11	89	36	64	76	24
芬兰	44	56	47	53	8	92
法国	20	80	30	70	23	77
德国	18	82	1	99	58	42
利比里亚	7	93	14	86	45	55

续表

国别	居民用户 固定费用+容量部分	居民用户 电量部分	小工业用户 固定费用+容量部分	小工业用户 电量部分	大工业用户 固定费用+容量部分	大工业用户 电量部分
匈牙利	4	96	47	53	31	69
意大利	16	84	78	22	24	76
卢森堡	10	90	84	16	78	22
波兰	27	73	64	36	5	95
葡萄牙	38	62	87	13	83	17
斯洛伐克	35	65	20	80	46	54
斯洛文尼亚	29	71	66	34	47	53
西班牙	84	16	80	20	62	38
瑞典	79	21	38	62	42	58
荷兰	未实行两部制电价		3	97	48	52
英国	14	86	9	91	25	75
平均水平	28	72	43	57	44	56

本节小结

两部制电价通常在一定电压等级或用电规模以上的工商业用户中实行。多数国家和地区为"容量（需量）电价+电量电价"，少数实行三部制。两部制电价的设计，包括执行范围、执行标准、执行方式等多个方面。

两部制电价基本电费计收方式按用户实际最大需量（用户最高负荷）计价最为常见，一些国家或地区按合同最大需量计价或两种方式相结合；按同时高峰负荷计价在实践中较少出现，而在各类用户之间分摊成本时较为常见；按变压器容量或连接容量收费，一般出现于接入费，而并非共用网络价格中的容（需）量电价。

第四章

世界典型国家的输配电价

从世界典型国家及地区电力体制改革的发展历程来看，各国电力体制改革的首要任务在于电网对市场参与者的公平、无歧视开放，因此各国政府或相应机构在其国家电力体制改革初期颁布相应法律促进电网的开放，如美国的888/889法令（FERC Orders888 and 889，要求无歧视开放输电网络、发电和输电分离）。电网输配电服务具有自然垄断特性，因此需对电网公司进行监管。通常，电网公司通过向用户收取输配电费用以回收输配电服务成本，并保证一定的合理收益。世界各国、各地区的输配电定价机制均与本国、本地区的政治、经济、文化等多重因素相关，故其在定价机制方面存在一定差异。本章主要介绍几个典型国家的输配电定价机制及相应计算过程，以为我国省级电网输配电定价、增量配电网定价和跨省跨区输电定价等提供参考。

第一节 电网成本规制的国际经验

一、从价格规制的需要出发制定行业规制成本会计制度

鉴于电网成本规制在价格规制乃至整个规制体系中的重要性，目前大部分国家的规制机构都建立了专门的适合电网价格规制需要的会计制度。如英国，电力规制机构在实行激励性规制的初期，由于没有充分理解统一规制成本的基础性，规制机构在运行和投资成本方面存在着严重的信息不对称，让企业得以利用其信息优势获得高额利润。因此，英国规制机构从2004年开始建立了更为详细的标准化定价成本会计和报表系统。又如巴西在第二次电力改革中为吸引投资建立了清晰的规制框架，其中一项重要的措施是建立详细的管制会计系统。美国是实行回报率规制历史最悠久的国家之一，部分州早在20世纪40年代就建立了专门的电力行业成本规制制度，目前美国联邦能源管制委员会制定了统一管制账目。澳大利亚、加拿大、菲律宾等国家和地区也均建立了成本规制体系。

二、电网成本分类以功能和用途为主要依据

电网成本的分类是整个管制成本制度的基础,对判断成本合理性、制定合理价格水平和结构至为关键。国外如美国、澳大利亚、加拿大、菲律宾等大部分国家都对电网成本进行了详细的分类,且分类基本相同。首先按功能分为输电、配电和售电,然后在内部按设备名称或服务类型进一步细分。发达国家价格受规制企业的电力资产及电力运行维护费分类情况分别见表4-1和表4-2。

表4-1　　　发达国家(美国)价格受规制企业的电力资产分类示例

行号	资产类型	详细分类
1-5	无形资产	机构;特许经营权;杂项无形资产
6-46	发电设备	(略)
47-58	输电设备	土地和土地权;结构和改进;变电站设备;输电塔和固定装置;输电杆和固定装置;架空导体和设备;地下导管;地下导体和设备;道路和山径;输电设备资产退役成本
59-75	配电设备	土地和土地权;结构和改进;变电站设备;储电设备;电杆、塔和固定装置;架空导体和设备;地下导管;地下导体和设备;线路变压器;服务;电表;安装在用户处的设备;用户处的租赁设备;路灯和独立供电系统;配电设备资产退役成本
76-84	区域输电和市场运行设备	(略)
85-99	通用设备	土地和土地权;结构和改进;办公家具和设备;运输设备;储存设备;工具、商店和车库设备;实验室设备;电力运行设备;通信设备;杂项设备;其他有形资产;通用设备资产退役成本
101-104	调整项与合计	(略)

表4-2　　　发达国家(美国)价格受规制企业的电力运行维护费分类示例

行号	运行维护费类型	详细分类
1-80	发电运行维护费	火电(略);核电(略);水电(略);其他发电(略);其他电力生产费用(购电费用、系统控制和负荷调度、其他费用)

续表

行号	运行维护费类型		详细分类
81-112	输电运行维护费	输电运行费	运行监督管理；负荷调度（可靠性、输电系统监控与运行、输电服务和机组组合、机组组合、系统控制和调度服务、可靠性、规划与标准开发、输电服务研究、发电连接研究、可靠性、规划与标准开发服务）；变电站运行；架空线运行；地下电缆运行；其他机构提供的输电服务；输电杂项费用；租金
		输电维护费	维护监督管理；结构维护（计算机硬件维护、计算机软件维护、通信设备维护、杂项区域输电设备维护、变电站设备维护、架空线维护、地下电缆维护、杂项输电设备维护）
113-131	区域市场运行维护费		（略）
132-156	配电运行维护费	配电运行费	运行监督管理；负荷调度；变电站费用；架空线费用；地下电缆费用；路灯和独立供电系统费用；电表费用；用户安装费用；杂项费用；租金
		配电维护费	维护监督管理；结构维护；变电站设备维护；架空线维护；地下电缆维护；线路变压器维护；路灯和独立供电系统维护；电表维护；杂项配电设备维护
157-164	用户账户运行维护费		监督费用；电表读取费用；用户记录与搜集费用；非集中账户；杂项用户账户费用
165-171	用户服务和信息运行维护费		监督费；用户帮助费用；信息和指导费用；杂项用户服务和信息费用
172-178	销售运行维护费		监督费；演示与出售费；广告费；杂项销售费用
179-197	管理和通用设备运行维护费	运行费	管理薪酬；办公设备和费用；（减）转入贷方的管理费用；外包服务；财产保险；伤害和毁害；职工退休金和福利；特许权费用；规制费用；（减）转入贷方的复制费；一般性广告费；杂项管理费；租金
		维护费	通用设备维护费
198	合计		—

在菲律宾配电企业的成本构成与分类中，为与配电无关的业务和相关的业务建立了独立账户；然后在与配电相关业务内部，将通过配电价格收回的成本与其他不通过配电价格收回的业务成本分开。在通过配电价格收回的部分内部，进一步细分为受规制的配电服务、未被排除的配电连接服务和受规制的零售服务；而每一类服务，又按

功能和用途进行详细地分类。发展中国家（菲律宾）价格受规制（配电）企业的资产及运行维护费分类情况分别见表4-3和表4-4。

表4-3　发展中国家（菲律宾）价格受规制（配电）企业的资产分类示例

资产类型	详细分类
受规制配电服务资产	（1）配电服务，包括：土地和土地权；结构和改进；电站设备（变压器、开关、保护装置、通信设备、其他）；电线杆、塔和设备；架空导线和装置；地下导管；地下电缆和设施；线路变压器；调节设备；服务；电表；信息技术设备；用户接入口设备（不包含到连接设备）；街道照明和独立系统；海底电缆 （2）通用设备（非网络资产），包括：土地和土地权；结构和改进；办公家具和设备；运输设备；储存设备；工具和车库设备；实验室设备；信息系统设备；通信设备；杂项 （3）原材料、存货
配电连接服务资产（除被排除不进入配电价格的连接资产）	（1）配电服务，包括：用户电线杆、塔和设备；用户架空导线和装置；用户地下导管；用户地下电缆和设施；用户线路变压器；与配电连接服务相关的信息技术设备 （2）通用设备（非网络资产），包括：土地和土地权；结构和改进；办公家具和设备；运输设备；储存设备；工具和车库设备；实验室设备；信息系统设备；通信设备；杂项 （3）原材料、存货
受规制的零售服务资产	用户电表；土地和土地权；结构和改进；运输设备；储存设备；工具和车库设备；实验室设备；信息系统设备；通信设备；杂项设备

表4-4　发展中国家（菲律宾）价格受规制（配电）企业的运行维护费分类示例

受规制的配电服务 （配电运行费构成）	配电连接服务（未被排除部分） （配电连接运行维护费构成）	受规制的零售服务 （运行维护费构成）
（1）运行费：运行监督和管理；负荷调度；配电站；架空线；街道照明和独立系统（非道路和道路）；电表（与配电网络相关）；租金；信息技术（与配电网络相关）；杂费 （2）维护费：维护监督和管理；结构；电站设备；架空线；线路变压器；街道照明和独立系统（非道路和道路）；电表（与配电网络相关）；杂项	（1）运行费：运行监督和管理；架空线连接；用户安装；租金；杂费 （2）维护费：维护监督和管理；结构；架空线连接；用户安装；信息技术（与配电网络相关）；杂项	管理费：用户电表规划、安装和维护费；用户电表读取费；与用户相关的信息费；坏账；信息和用户培训广告费；电能交易费；杂项用户服务费；用户预付费折扣

续表

受规制的配电服务 （配电运行费构成）	配电连接服务（未被排除部分） （配电连接运行维护费构成）	受规制的零售服务 （运行维护费构成）
（3）管理和通用费：管理和通用薪酬；办公供应和费用；信息技术（管理和通用）；外聘人工；财产保险；伤害和损害赔偿；津贴和福利；租金；办公和通用设备维护；差旅；培训；电力批发市场费（注册费、电表费、账单和结算费；管理费；委员会成本；市场管理软件和升级成本回收）	（3）管理和通用费（连接服务）：管理和通用薪酬；办公供应和费用；信息技术（管理和通用）；外聘人工；财产保险；伤害和损害赔偿；津贴和福利；租金；办公和通用设备维护；办公人员津贴和福利；差旅；培训	

三、价格规制与投资规制密不可分

投资成本是电网成本的主要组成部分。国外价格规制与投资规制由同一经济性规制机构负责，价格规制的重点是对投资项目进行审查，其中包括对投资成本的预测、评估。如澳大利亚为激励有效投资，在每一个规制周期开始时，规制机构需要审核批准各电网的预测投资以及一些不确定性较大的工程（即决定准许收入时虽可预测到，但具体的时间或成本具有明显不确定性的大型工程）。虽然规制机构在价格规制中确定的是整体投资成本，但仍需对每一项工程进行经济效率测试。电网企业对各项工程投资须做成本收益分析，提出网络扩展计划，或满足网络可靠性标准的最低成本解决方案。

四、持续跟踪监测和评估电网企业成本绩效

在两次周期性的价格核定期间（如5年），为更好地满足相关利益方的要求，规制机构通常持续性跟踪监测企业的成本和绩效表现。如英国规制机构每年发布企业信息提交格式规定，要求企业按要求提交年度报告并向相关利益方公布，各方就相关内容和形式进行讨论，在必要时修改和完善相关政策。对于企业提交的年度成本报告，规制机构组织专家进行评估，根据评估结果形成年度成本评估报告，并在官方网站公开。由于有完备的成本报表系统及相关的信息支持，并采用了定量化的成本比较模型，规制机构、消费者能够全面掌握企业的成本信息，有利于约束企业成本，并为周期性价格制定提供基础。

五、周期性的价格重新核定以详细的成本评估为基础

1. 周期性价格核定的程序和过程

国外大部分国家和地区建立了周期性的价格重新核定机制，周期通常为3～5年，价格核定有严格的过程和程序。以英国第5个周期（DPCR5，2010—2015年）配电价格核定为例，规制机构先后发布了12份文件，最后形成1份最终文件（决案）和4份配套文件（DPCR5收入模型、成本评估、财务参数、激励和义务）。DPCR5整个过程向相关利益方（包括消费者及授权代表、配电运营商、独立配电运营商、配电网络所有者、输电所有者、发电商、供电商等）公开，详细介绍决策的理由、证明材料、分析方法，以便于配电企业和相关利益方充分了解决策过程。在DPCR5决策过程中，规制机构广泛征求意见，让各方的利益诉求能够得到充分的表达，甚至在2007年成立了由6名专家组成的代表消费者利益的专家小组，以提高消费者的参与程度和效果。

2. 企业必须按要求提交详细的成本信息并证明其合理性

在启动重新核定机制时，规制机构首先发布详细的文件公布价格规制的方法和细节，要求企业在规定时间内按规定格式和要求提交成本信息。

如澳大利亚配电企业提交预测投资成本时，至少包含以下信息：资产分类及投资类型、地理位置、提供何种配电服务；预测投资成本的方法；预测负荷增长的方法和结果；预测投资费用的关键假设条件；证明前提条件是合理的；当前和前一规制周期的投资费用，以及当前规制周期最后2年每年的预测投资费和预期投资费；解释预测投资成本与历史投资成本差异明显之处。

同样，企业提交的准许收入建议至少包括与运行费用相关的以下信息：运行费用类型（维护费、工资、原材料等），以及哪些成本是固定的、哪些成本是变动的、预测运行费用用于提供哪种配电服务；预测运行成本的方法；预测运行费用的主要变动因素及预测方法；决定计划维护项目成本采用的方法、用于提高配电系统的绩效；预测运行费用的关键假设条件；证明假设条件的合理性；当前和前一规制周期的运行费用，以及当前规制周期最后2年每年的预测运行费和预期运行费；解释部分项目预测运行费与实际运行费差异较大的原因。

又如在菲律宾，企业必须按规定的成本分类提供下一规制周期各年度的预测运行维护费。企业提交每一类运行和维护费的预测值时，必须同时提交材料证明：为什么费用是必要的、预测的水平是合理的，以及第二个规制周期将如何提高效率和生产

率。企业提交的说明和证明材料必须充足,否则可能不被规制机构和专家认可,将不能计入价格。对于历史运行维护费,企业分析时首先需要剔除非正常因素的影响,从而客观地评价正常的运行维护费的变动趋势。根据《配电转运费制定规则》中的相关规定,企业证明运行维护费的合理性时可以采用国际和地区比较的方法,比较成本和其他绩效指标,但必须提供详细的比较材料和方法说明。

3. 定价成本核定以详细、规范的评估为基础

对于企业提交的信息,规制机构组织专家或独立机构进行评估,以此为基础核定成本和计算准许收入。评估方法包括标杆比较法和网络参考模型。

英国规制机构对各配电企业预测成本进行评估时,除与各公司历史成本进行纵向比较外,还与其他公司提交的预测成本进行横向比较。规制机构将各公司上报成本与规制机构认为的合理成本进行加权平均,计算出各公司未来5年预期的合理成本,采用IQI(信息质量激励)机制,鼓励配电公司提高预测的准确程度,如果企业预测高于认可的合理成本,企业准许利润将减少。规制机构最终批准的成本通常低于企业提交成本的8%,但具体每个企业各不相同,效率越高的企业核准成本越接近其上报的预测值。如效率最高的WPD公司和SSE公司的核准成本与其预测值仅相差1%和0.2%;而效率最低的EDF公司和CN公司,其核准成本比上报成本分别相差13%和10%。因为规制机构认为,在私有化20年之后,因效率差异产生的成本应该由投资者承担,用户不需为不必要的投资与运行低效付费。

巴西采用网络参考模型对企业成本进行评估。该模型主要的特征是:不采用配电公司实际的数据决定生产函数,而是基于技术标准;使用特许经营区的市场价格取代企业使用的价格来评估运行成本。具体的措施是先建立一个理论上的有效运行的配电企业,确定其在特许经营区的地理条件和宏观环境下应该达到的合理运行成本,以此作为对实际配电企业有效成本的考核依据。

菲律宾的规制机构是根据《配电转运费制定规则》中的相关规定,委托专家对企业预测的运行维护费进行评估。专家向规制机构提供以下建议:运行维护费的合理性;证明材料的充足性;预测连接、配电数量或高峰负荷的材料是否充足;是否能维持或提高受规制服务的绩效或可靠性水平。专家还需要向规制机构提供其认为的每一家配电企业在第二个规制周期中的合理运行维护费水平。规制机构在此基础上,决定预测运行维护费水平。此外,部分运行维护费可以资本化。

本节小结

目前大部分国家的规制机构都建立了专门的适合电网价格规制需要的会计制度。成本的分类是整个管制成本制度的基础，对判断成本合理性、制定合理价格水平和结构至为关键。国外如美国、澳大利亚、加拿大、菲律宾等大部分国家都对成本进行了详细的分类，且分类基本相同。

国外价格规制与投资规制由同一经济性规制机构负责，价格规制的重点是对投资项目进行审查，其中包括对投资成本的预测、评估，规制机构通常持续性跟踪监测企业的成本和绩效表现。国外大部分国家和地区建立了周期性的价格重新核定机制，周期通常为3～5年，价格核定有严格的过程和程序。

第二节 美国宾夕法尼亚、新泽西、马里兰州（PJM）输电定价

一、基本情况

美国电力系统的特点之一是电网所有权较为分散，有多个输电公司或输电组织（transmission owner，TO）。为了更好地开展电力交易，美国通过改革组建独立系统运营商（independent system operator，ISO）来管理运营不同 TO 的电网资产。各区域的输电定价机制则通过改革组建区域输电组织（regional transmission organization，RTO），并由 RTO 来负责设计和运营。RTO 可以是 ISO，也可以是没有放开电力市场地区的电力公司共同组成的非营利性机构，并受到联邦能源监管委员会（Federal Energy Regulatory Commission，FERC）的监管。目前，美国有7个 ISO，分别是中西部 ISO（mid-continent independent system operator，MISO）、纽约 ISO（New York independent system operator，NY-ISO）、新英格兰 ISO（independent system operator of New England，ISO-NE）、PJM（independent system operator of Pennsylvania-New Jersey-Maryland，ISO-PJM）、德州电力管理委员会（Electric Reliability Council of Texas，ERCOT）、加州 ISO（California independent system operator，CAISO）、西南电力联营体（Southwest Power Pool，SPP）。每个 ISO 内部有多个 TO，而每个 TO 又有其单独的电网管辖区。美国各层级电网间的关系如图 4-1 所示。

第四章 世界典型国家的输配电价

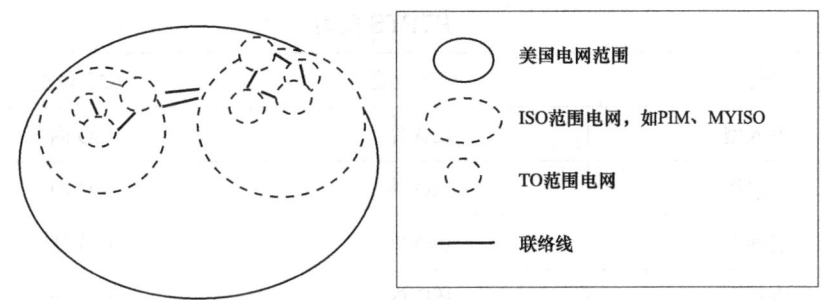

图 4-1 美国各层级电网关系

1997 的 3 月 31 日，PJM 经 FERC 批准成立。目前，PJM 负责美国 13 个州以及哥伦比亚特区电力系统的运行与管理，内部有约 20 个 TO[对应 20 个不同的价格区域（ZONE）]，分别核定准许收入，按输配一体化运营。PJM 内输电线路电压等级分为 765kV、500kV、345kV。

FERC 通过 888 号法令要求北美的电力公司拆分其输电和发电功能，并要求设计合理的输电服务，向市场主体公布不同输电服务的输电费率，也称为公开输电服务费率（open access transmission tariff，OATT）。OATT 一方面能够实现输电网络无歧视公开，另一方面能够保证 TO 完全回收其准许收入。

包括 PJM 在内的几个独立系统运营商（ISO）按照 FERC 提出的框架要求，设计了两类输电服务，分别是网络一体化输电服务（network integrated transmission services，NITS）和点到点输电服务（point to point transmission services，PTPIS）。

网络一体化输电服务是指在 ISO 管辖范围内进行输电的服务，由区内电网用户使用，一般按年核定价格，按月收取费用。区内电网用户是指利用 PJM 区域内网络资源的用户。

点到点服务是指两个特定价区之间的输电服务，通常为 PJM 与相邻 ISO 之间进行电力交易的输电服务。在大部分情况下都是由跨区电网用户使用，但是不排除用户购买 PJM 区内点到点服务的情况，一般有多年、一年、月、周、天、小时等不同的收费频率和相应的费率。跨区电网用户是利用跨区线路与 PJM 范围外的电源或负荷进行交易的用户。

每一项点到点服务都会指定一个流入节点 POR（point of receipt）和流出节点 POD（point of delivery）。根据 POR 和 POD 的位置不同，PIPTS 可分为四类，分别为流入型、流出型、过网型和内部型，见表 4-5。

表 4–5　　　　　　　　　　　　　　PTPTS 类型

类型	POR 位置	POD 位置
流入型	ISO 外	ISO 内
流出型	ISO 外	ISO 内
过网型	ISO 外	ISO 外
内部型	ISO 内	ISO 内

点到点服务又分为固定点到点服务和非固定点到点服务。其中，固定点到点服务针对固定的 POR 和 POD，最小时间是一天，最大时间可协商确定。非固定点到点服务按照实时执行（as-available）的原则调度，时间可以从一小时到一个月，并可能被裁减和中断。当系统输电容量不足时，时间越短的非固定 PIPIS 越先被裁减（即不能保证电力全部送出），而固定 PIPIS 被裁减顺序排列最后。PJM 输电服务具体分类如图 4–2 所示。

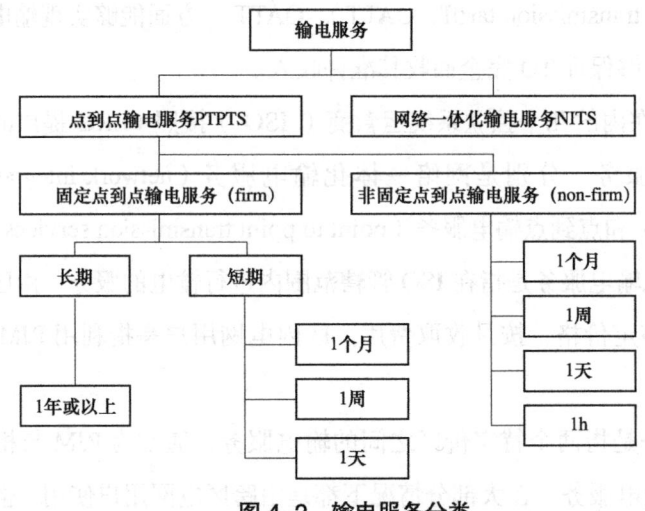

图 4–2　输电服务分类

二、NITS 定价

1. 费用构成

美国 PJM 跨区输电联络线可分为跨越不同 ISO 的输电联络线和同一 ISO 范围内跨越不同 TO 的输电联络线，因此每个 TO 的准许收入包括了跨 ISO 联络线分摊的费用、跨 TO 联络线分摊的费用、内部输电网建设运营费用。NITS 费用和 PTPTS 费用并不单独回收其中某类成本，都根据准许收入计算。

每个 TO 的成本与收入的具体关系总结如图 4-3 所示。

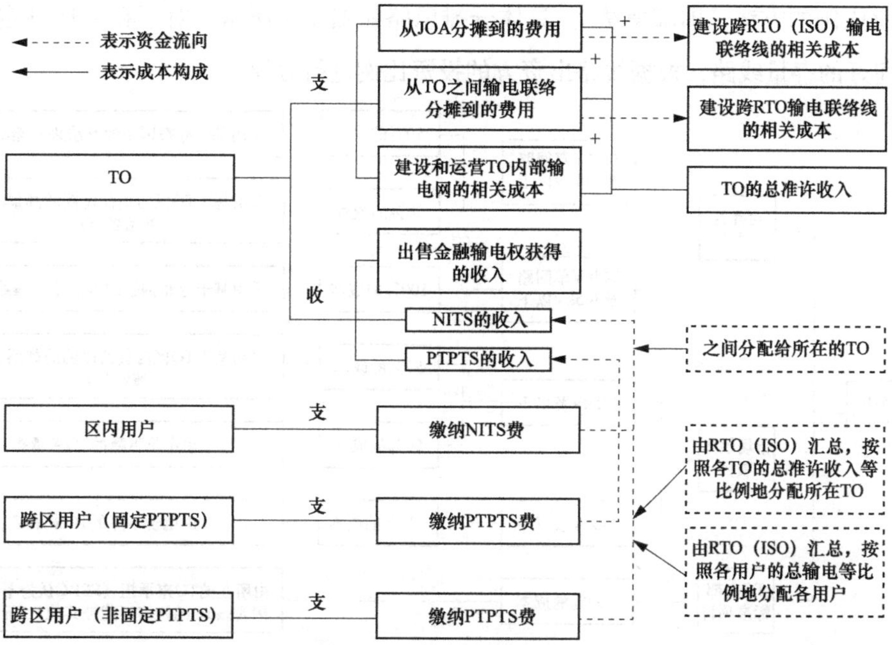

图 4-3 TO 的成本与收入情况

（1）跨 ISO 联络线费用的分摊。与 PJM 相连的 ISO 有 MISO、NYISO、ISO-NE 和加拿大安大略省 ISO（independent electricity system operator，IESO）。为了促进和管理跨 ISO 之间的电力交易，两个 ISO 之间会签订联合运行协议（joint operation agreement，JOA），共同制定市场交易与调度规则和跨 ISO 输电联络线费用分摊方法。目前，仅有 MISO、NYISO 与 PJM 签订了 JOA 协议。以 PJM 和 MISO 间输电联络线为例，跨区联络线费用的分摊思路如下：

首先计算输电联络线对 PJM 和 MISO 内部潮流的影响，即分析某一输电联络线对缓解 PJM 或 MISO 内部输电线路阻塞的程度，以及对安全可靠性的影响。然后，采用直流潮流广义发电分布转移因子法，分别计算 PJM 和 MISO 内负荷对受影响线路的使用程度。其中，PJM 和 MISO 根据各自的电网发展计划和负荷增长情况，协商确定一种未来的电力系统运行方式，同时考虑 N-1 安全可靠性约束，并采用分布式参考节点进行直流潮流计算。最后，根据 PJM 和 MISO 内负荷对受影响线路的使用程度的比例，向负荷分摊输电联络线的费用，最终纳入各 TO 的准许收入中。

（2）跨 TO 联络线费用分摊。对于新建的输电线路项目，PJM 根据新建线路的功能，将该项目分为可靠性项目（可提高电网安全性）、市场效率项目（缓解线路阻塞）和 TO 内部标准项目（TO 内基本扩建项目）三类。根据项目的类型以及电压等级，跨 TO 输电联络线成本采用不同的分摊方法，主要包括基于分布因子的方法和基于区域负荷比例的方法（即邮票法）。具体分摊思路如图 4-4 所示。对于在上述规定前就已经建好的存量线路，根据线路出资方的投资比例进行分摊。

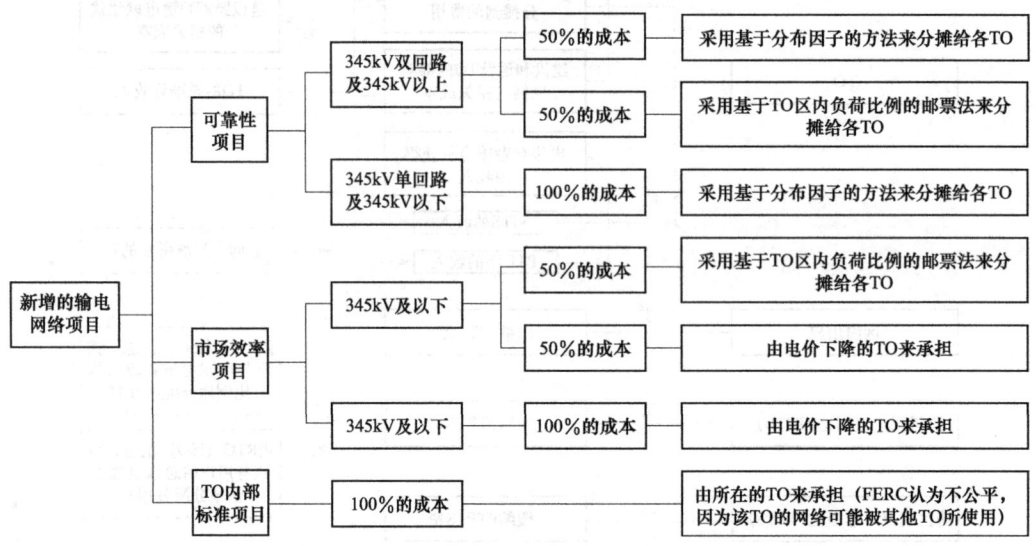

图 4-4 PJM 新增输电项目费用分摊方法

2. 费用分摊

PJM 针对 NITS 采用分区邮票法定价，其任一价格区的 NTS 费率（$/ 天 /MW）计算公式如下：

$$P_{NI,i} = \frac{R_i}{d_y \times P_{1cp,i}}, \quad i \in I \quad (4-1)$$

式中：d_y 为一年中的天数；I 为所有 TO 的集合；R_i 为第 i 个 TO 年度总准许收入；$P_{1cp,i}$ 为第 i 个 TO 内负荷的年峰值。

用户 j 按照其对 TO 峰荷的贡献度 $k_{PC,i,j}$ 来缴纳 NITS 费 $F_{NI,j}$（$/ 天），计算公式如下：

$$F_{NI,j} = K_{pc,i,j} \times P_{1cp,i} P_{NI,i} \quad (4-2)$$

$$k_{PC,i,j} = \frac{P_{i,j}}{\sum_{K_E J} P_{i,k}} \quad (4-3)$$

式中：J 是第 i 个 TO 区内用户的集合；$P_{i,j}$ 表示的年峰荷。

三、PTPTS 定价

1. 费用构成

费用构成与 NITS 一致，PTPTS 费用并不单独回收其中某类成本，都根据准许收入计算。

2. 费用分摊

PM 针对 PTPTS 采用邮票法根据系统峰荷进行分摊。

（1）固定点到点输电服务价格。

电网用户购买了固定 PPS 服务后，可以获得对应节点之间输电的金融输电权，即不用承担现货市场上不同节点价格差的阻塞风险。因此，固定 PTPTS 服务主要由长期输电的跨区电网用户购买。固定 PTPTS 服务需要根据其 PTPTS 类型进行缴纳：对于流入 PM 类型的 PTPTS，按 POD 所在 TO 的 PTPIS 费率进行收费；对于流出 PM 类型的 PTPTS，按照 PM 边界的 PPTS 费率进行收费。对于 PM 任一价格区，其所属 TO 的 PTPTS 费率以及 PJM 边界的点到点服务费率计算公式如下：

所属 TO 的点到点服务价格：

$$P_{\text{PTP},i} = \frac{R_i}{d_y \times P_{12cp,i}}, \ i \in I \tag{4-4}$$

式中：d_y 为一年中的天数；I 为所有 TO 的集合；R_i 为第 i 个 TO 年准许收入；$P_{12cp,i}$ 为第 i 个 TO 内负荷的 12 个月峰值的算术平均值。

PJM 边界的点到点服务价格：

$$P_{\text{PTP}} = \frac{\sum_{i \in I} R_i}{d_y \times P_{1cp,\text{PJM}}} \tag{4-5}$$

式中：d_y 为一年中的天数；I 为所有 TO 的集合；R_i 为第 i 个 TO 的年准许收入；$P_{1cp,\text{PJM}}$ 为 PJM 内负荷的年峰值。

固定 PTPTS 服务费的计算公式如下：

$$F_{\text{PTP},m} = P_{\text{PTP},m} \times C_{\text{PTP},m} \tag{4-6}$$

式中：$C_{\text{PTP},m}$ 是用户 m 的输电合同规定的容量；$P_{\text{PTP},m}$ 是用户 m 的 PTPTS 类型对应的价格。

（2）非固定点到点输电服务价格。

在系统出现输电容量不足时，非固定 PTPTS 最先得到裁减，即可能需要承担现货市场上的阻塞风险。因此，非固定 PTPTS 服务一般由短期输电的跨区电网用户使用。非固定 PTPTS 服务价格通常与固定 PTPTS 服务价格一致，但非固定 PTPTS 服务费用与系统阻塞费有关。其中，阻塞费率为发生阻塞时 POR 和 POD 电能量市场节点电价之差的平均值。若用户按非固定 PIPIS 服务的价格计算的费用小于阻塞费，则不需要缴纳输电费；若大于阻塞费，则将差值作为用户 n 需缴纳的非固定点到点输电服务费用。$F_{\text{PTP},n}$ 的计算公式如下：

$$F_{\text{PTP},n} = \max\left\{C_{\text{PTP},n} \times P_{\text{PTP},n}, F_{c,n}\right\} - F_{c,n} \quad (4-7)$$

式中：$C_{\text{PTP},n}$ 为用户 n 的非固定 PTPTS 合同的容量；$P_{\text{PTP},n}$ 为非固定 PTPTS 服务的价格（等于固定 PTPTS 服务价格）；$F_{c,n}$ 为阻塞费。

四、输电费用结算

1. NITS 费用

区内电网用户按自己所在的价格区的 NITS 价格向 PJM 缴纳 NITS 费用，PJM 将收取到 NITS 费用直接分配给用户所属的 TO。

2. PTPIS 费用

跨区输电用户根据购买的 PTPTS 服务类型和价格向 PJM 缴纳 PTPTS 费用，PJM 将收取的 PTPTS 服务费用汇总，并按各 TO 每年准许收入比例分配给各 TO。若事先核定的准许收入与实际的输配电收入不符，则可将该差额纳入下一年输配电服务准许收入进行回收。

本节小结

美国电力系统所有权较为分散，使得美国输配电定价机制表现为一种多层级定价的特点，即整个电网由多个 ISO 管理，而每个 ISO 内部又包含多个 TO。各 TO 的准许收入包括跨 ISO 输电联络线费用、跨 TO 输电联络线费用以及本地范围内的电网准许收入。

PJM 输电服务包括 NITS 服务和 PTPTS 服务两类，其中 NITS 服务由区内电网用户使用，PTPTS 服务主要由跨区电网用户使用。两类输配电服务的价格均按照邮票法的原理核定。NITS 服务价格基于各 TO 内年度峰荷按邮票法核定，区内电网用户根据其对 TO 峰荷的贡献值与网络服务费率的乘积来缴纳 NITS 费，价格按年核定，费用按月收取。PTPTS 服务价格基于 PJM 内年度峰荷以及 TO 各月峰荷的平均值核定，并按照其 PTPIS 类型缴纳 PTPTS 费。PIPIS 服务的定价和收费频率包括多年、一年、月、周、天、小时等。

第三节 英国输配电定价

一、基本情况

20世纪90年代,英国对电力工业进行改革,在保持政府对输配电环节垄断的基础上,开放民间资本进入发电领域。同时,英国实现了输配电分开运营,并开启了对输配电价管制的变革。英国电网分为英格兰威尔士、苏格兰和北爱尔兰地区三部分。其输电网电压等级分为400kV和275kV,配电电压等级分为132kV、33kV、11kV和230V。其中,132kV至33kV为超高压配电,33kV以下为高压和低压配电。考虑到北爱尔兰地区距离英格兰威尔士和苏格兰较远,电网独立运营且规模较小,所以本节仅针对英格兰威尔士电网和苏格兰电网进行讨论。

(1)输电网方面。2007年以前,苏格兰和与英格兰威尔士地区的输电网分开调度,2007年"英国电力交易及输电协议"(British Electricity Trading and Transmission Arrangements,BETTA)签署后,苏格兰地区正式纳入英国电力市场,其输电网由英国国家电网(National Grid)统一调度,但输电资产仍属于苏格兰南部电力公司(SSE)。英国输电领域统一执行《输电网使用及接入规则》(Connection and Use of System Code,CUSC)。该规则针对接入、输电网使用技术标准,各方权利与义务,输电定价等方面进行了详细规定。目前,CUSC由英国国家电网公司管理。如果有利益相关方对规则中的条款提出质疑,英国国家电网公司负责收集意见,并反馈给英国天然气和电力市场办公室(office of gas and electricity markets,OFGEM),由OFGEM进行审核和批准。

(2)配电网方面。英国配电网分为14个供电区,由14个配电系统运营商分别运营。这14个配电公司由6大能源公司控股,分别为森特理克集团(Centrica)、意昂集团(E.ON)、法国电力公司(EDF)、英国可再生能源公司(RWE Npower)、苏格兰电力公司(Scottish Power)、苏格兰及南方能源公司(SSE)。各配电公司严格遵守《配网接入及使用规则》(distribution connection and use of system agreement,DCUSA)。该协议由Eletralink公司进行管理。Eletralink公司是一家由14个配电公司共同建立的研究机构,除管理DCUSA外,还为各配电系统运营商提供数据分析和信息交换等服务。

英国电网公司通过输配电价回收输配电成本并获得一定收益。输配电价通过反映电力传输的成本属性和供需关系,为发电企业和电力用户提供经济信号和位置信号。

英国输配电价体系及定价模型如图 4-5 所示。

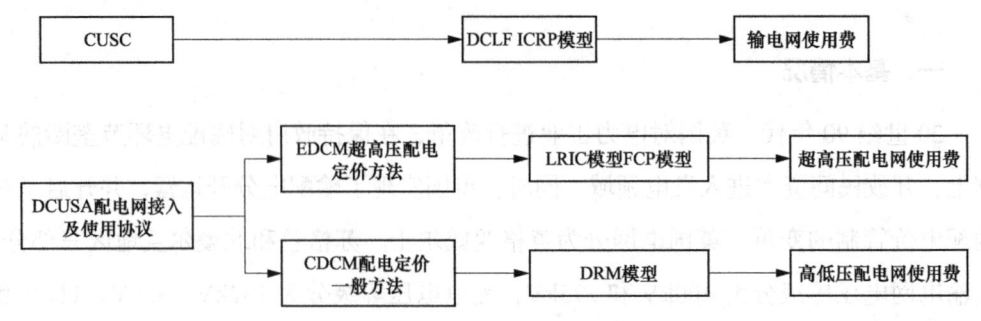

图 4-5　英国输配电网定价方法及定价模型

二、输电定价

目前，英国输电网采用基于直流潮流的投资成本定价方法（DC load flow investment cost related pricing，DCLFICRP）。通过计算各节点的单位功率注入对每条线路潮流的影响，明确各节点应承担的输配电服务费用，并按年收取相应输电费用。根据该定价方法计算得到的节点价格仅与电网结构有关，不受当前电网运行状态的影响。该方法能够反映输电网络节点的发、用电情况，并考虑了传输距离和输电容量，为发电厂和电力用户提供明确的位置信号，从而引导其合理选址。

1. 费用构成

英国输电费用包括三个部分：并网费（connection charging，CC）、过网费（transmission network use of system charging，TNUOS）和平衡费（balancing services use of system charging，BSUOS）。并网费反映了并网设备的建设和维护成本；过网费反映了输电网的建设和维护成本；平衡费用于回收系统实时平衡的成本。由于英国电力市场中发电厂接入输电网的资产被视为基础资产，并网费通常仅向用户收取，用于回收用户侧连接至输电网的专用资产费用。

为回收输电网的建设和维护成本，输电公司结合边际成本法和综合成本法核定过网费，并按照一定比例分摊给发电和负荷。输电网的建设和维护成本可分为与位置相关的费用和与位置无关的费用。其中，与位置相关的费用反映了不同节点的过网费差异，分别通过主网费用（wider tariff）和专网费用（local tariff）进行成本回收。过网费基本构成如图 4-6 所示。

（1）与位置相关费用。

1）主网费用：主网费用反映的是公共电网的输电边际成本，采用 DCLFICRP 方法进行核定。考虑到公共电网线路连接相对复杂,无法准确判断各线路的使用者,主网费用向所有发电机组和电力用户分摊。

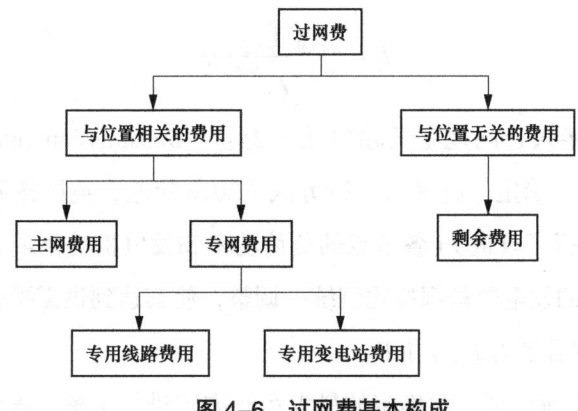

图 4-6 过网费基本构成

2)专网费用:专网费用分为专用线路的费用和专用变电站的费用,用于回收为发电机提供并网服务的专用输电线路和变电站的成本。专网中的线路和设备虽属于公共基础资产,但电气连接相对简单,可以准确获得使用者的信息,只需向相关发电机收取过网费。而用户连接到输电网的设备属于用户专用资产,相应费用以并网费的形式收取,不需缴纳过网费。

(2)与位置无关费用:由于采用边际成本定价法等因素,英国电网公司仅通过主网费用和专网费用通常无法回收准许收入。其差额部分称为剩余费用(residual tariff),还需向发电方和供电方收取。剩余费用与节点所在位置无关,采用邮票法在全网进行平摊。

2. 费用分摊

英国的输电过网费按照一定的比例分摊给发电侧和负荷侧(当前分摊比例取27:73),并按节点定价。英国公用网络采取的分摊方法为 DCLFICRP,其中与位置有关的费用采用基于节点的兆瓦公里法分摊。

DCLFICRP 模型主要包括以下几个环节:计算基本边际兆瓦公里,计算节点微增边际兆瓦公里,计算区域边际兆瓦公里,计算区域初始费用及修正区域主网费用,计算专网费用,分摊剩余费用。

(1)基本边际兆瓦公里的计算。基本边际兆瓦公里反映当前潮流占用电网资源的情况,计算包括以下几个步骤:

1)给定网络中任意一条线路 ij 的电压等级、线路类型和长度 l_{ij}^{actual}。

2)将不同电压等级不同类型的线路以及线路上的断路器、隔离开关等配套设备

根据监管部门给定的典型线路的成本参数按比例折算为基准线路,得到基准线路长度 l_{ij},计算公式如下:

$$l_{ij} = l_{ij}^{\text{actual}} \frac{C_{ij}^{\text{actual}}}{C^{\text{standard}}} \quad (4-8)$$

3)根据发电接入合同规定的输电接入容量(transmission entry capacity,TEC)和峰值负荷的情况,确定一种最大运行方式(2016 年起,英国按照 WACM2 法案对系统状态的选取进行了改进)(各节点的负荷功率和发电机功率最大时的运行方式),然后将所有发电机的发电容量都按比例统一调整,使其达到供需平衡。调整后各节点 i 的发电和负荷功率分别为 $P_{G,j}$ 和 $P_{D,j}$。

4)基于直流潮流模型,对确定的最大运行方式进行求解,得到流过任一支路 ij 的潮流 F_{ij}。

5)基本边际兆瓦公里为所有支路的潮流与对应的线路长度乘积之和。

$$C_{\text{MWkm}} = \sum F_{ij} \times l_{ij} \quad (4-9)$$

(2)节点微增边际兆瓦公里的计算。

1)选取参考节点 k;

2)在节点 i 增加单位发电功率,并在参考节点增加 1MW 的负荷功率;

3)按照计算"基本边际兆瓦公里"的方法重新计算所有支路的潮流与对应的线路长度乘积之和,得到

$$C'_{\text{MWkm}} = \sum F'_{ij} \times l_{ij} \quad (4-10)$$

新的兆瓦公里与基本兆瓦公里之差即为节点 i 增加单位发电功率引起的边际兆瓦公里 m_i。

$$m_i = C'_{\text{MWkm}} - C_{\text{MWkm}} \quad (4-11)$$

(3)区域边际兆瓦公里的计算。对所有节点根据地理位置和电价差异的情况进行分区。其中,负荷区域依供电企业的运营范围进行划分,发电区域遵照以下几个原则进行划分。

1)区域内节点电价的最大值和最小值相差不超过 £2.00/kW。

2)区域内节点在地理位置和电气特性上具有相似性。

3)在每个监管周期内,区域的划分相对固定。如果有新的发电机接入系统,先将其划为一个单独的区域,直到下一个监管周期时再重新划分。

区域的边际兆瓦公里为区内所有节点边际兆瓦公里的加权平均值。

$$m_{\text{Zone},G,j} = \sum_{i_E Z_{G,j}} m_i p_{G,i} / \sum_{i_E Z_{G,j}} p_{G,i} \tag{4-12}$$

$$m_{\text{Zone},D,k} = \sum_{i_E Z_{D,k}} (-1 \times m_i p_{D,i}) / \sum_{i_E Z_{D,k}} p_{D,i} \tag{4-13}$$

式中：$Z_{G,j}$ 和 $Z_{D,k}$ 分别为第 j 个发电区域和第 k 个负荷区域内节点的集合；$m_{\text{Zone},G,j}$ 和 $m_{\text{Zone},D,k}$ 分别为发电区域 j 和负荷区域 k 的区域边际兆瓦公里。

（4）区域初始费用的计算。区域边际兆瓦公里 m_{ZONE} 乘以系统扩建系数 E 和安全因数 S 得到区域初始费用 T。其中，系统扩建系数反映单位长度典型线路的费用，单位为 £/（MW·km），安全因子反映系统对安全裕度的要求造成的系统剩余成本。第 j 个发电区域和第 k 个负荷区域内的区域初始费用 $T_{G,j}$ 和 $T_{D,k}$ 计算如下：

$$T_{G,j} = m_{\text{Zone},G,j} ES \tag{4-14}$$

$$T_{D,k} = m_{\text{Zone},D,k} ES \tag{4-15}$$

（5）修正区域主网费用的计算。英国规定了主网费用中分摊给发电侧和用户侧的比例。如果按以上方法计算出来的区域费用不满足该分摊比例，则需要通过修正常数进行修正。修正常数通过求解如下方程组获得。

$$\begin{cases} R_{\text{CT},G} = \sum_{j_E G} [(m_{\text{Zone},G,j} + C) ES \sum_{i_E n_j^G} p_{G,i}] \\ R_{\text{CT},D} = \sum_{j_E D} [(m_{\text{Zone},D,k} + C) ES \sum_{i_E n_j^D} p_{D,i}] \\ p = \dfrac{R_{\text{CT},D}}{R_{\text{CT},D} + R_{\text{CT},G}} \end{cases} \tag{4-16}$$

式中：$R_{\text{CT},G}$ 和 $R_{\text{CT},D}$ 分别为电网公司通过修正后的区域主网费用从发电企业和用电企业获得的总收入；C 为修正常数；p 为过网费分摊给供电方的比例。

用上式计算出的修正常数 C 修正各区域的主网费用（£/kW）。

$$T_{\text{CT},G,j} = (m_{\text{Zone},G,j} + C) E \frac{S}{1000} \tag{4-17}$$

$$T_{\text{CT},D,k} = (m_{\text{Zone},D,k} - C) E \frac{S}{1000} \tag{4-18}$$

（6）专网费用的计算。专用线路费用（£/kW）根据专网中输电线路的节点边际兆瓦公里进行计算。专网中任意节点 i 的专用线路费用的计算公式如下：

$$T_{\text{local},i} = \sum_{s_E K} m_{is} \times E \times S_{\text{local},s} \tag{4-19}$$

式中：K 为该专网中所有线路的集合；s 为 K 中的任意一条支路；m_{is} 为节点 i 对线路 s 的边际兆瓦公里；E 为扩建常数，代表电网线路成本；$S_{\text{local},s}$ 为线路 s 的专网安全因数。

专用变电站费用根据电压等级、变电站的输电入口容量、变电站冗余等决定。专用变电站费用在价格控制期的第一年确定，每年根据零售价格指数（retail price index，RPI）进行调整。

3. 相关问题处理

英国过网费的计算中不考虑无功功率的处理，对引起反向潮流的用户给予奖励，即对反向潮流的输电费用按负值计算。如配网中的分布式电源，英国会对在输电费方面给予一部分补偿。

由于准许收入按综合成本法核定，与位置有关部分费用按边际成本法核定，按上述方法计算得到的价格不能保证电网公司回收的费用完全达到准许收入。因此，需要向发电方和供电方收取剩余费用。剩余费用通常与位置无关，可采用邮票法的方式进行回收。

$$N_{\mathrm{CT,G},j} = \frac{\alpha \times R - R_{\mathrm{CT,G}}}{\sum_{i_E n_j^G} P_{\mathrm{G},i}} \quad (4-20)$$

$$N_{\mathrm{CT,D},k} = \frac{(1-\alpha) \times R - R_{\mathrm{CT,G}}}{\sum_{i_E n_j^G} P_{\mathrm{D},i}} \quad (4-21)$$

式中：R 为电网公司准许收入；α 为发电侧与负荷侧分摊比例；$N_{\mathrm{CT,G},j}$ 为发电侧的剩余费用；$N_{\mathrm{CT,D},k}$ 为负荷侧的剩余费用。

4. 价格形成

英国输电用户所需缴纳的过网费由主网费用、专网费用和剩余费用组成，单位为£/kW。

对于发电侧的过网费：

$$P_{\mathrm{CT,C},j} = T_{\mathrm{CT,G},j} + N_{\mathrm{CT,G},j} + L_{\mathrm{CT,G},j} \quad (4-22)$$

对于负荷侧的过网费：

$$P_{\mathrm{CT,D},k} = T_{\mathrm{CT,D},k} + N_{\mathrm{CT,D},k} + L_{\mathrm{CT,D},k} \quad (4-23)$$

发电侧及负荷侧缴纳的年度费用为所在区域的过网费与其年度最大功率的乘积。

发电侧向输电网缴纳的年度费用：

$$C_{\mathrm{G},j} = P_{\mathrm{CT,G},j} \times P_{\mathrm{G},j} \quad (4-24)$$

负荷侧向输电网缴纳的年度费用：

$$C_{\mathrm{D},k} = P_{\mathrm{CT,D},k} \times P_{\mathrm{D},k} \quad (4-25)$$

输电费用以容量价格形式按年向配电公司收取，配电公司再进一步向用户收取。

单位容量应承担的输电费用按照输电网接入口的系统峰荷进行计算,具体公式如下:

$$E = \frac{C_{\text{D},k}}{L_{s,\text{exit}}} \tag{4-26}$$

式中:E 是整个配网的年单位容量输电出口费,£/(kW·year);$C_{\text{D},k}$ 是负荷侧总的年输电出口费,为负荷侧需要向输电网缴纳的年度费用;$L_{s,\text{exit}}$ 是输电网接入口的系统峰荷。

5. 改进的输电定价方法

随着可再生能源在英国的迅速发展,英国电网的规划与运行方式发生了较大的变化,输电定价机制也需要进行变革以适应电网发展的新形势。2014 年 7 月,英国批准了"WACM2"最终输电改革方案,对输电定价机制中的 DCLF ICRP 模型进行了改进,并从 2016 年 4 月开始实施。整体上看,改进后的 DCLF ICRP 模型与改进前的区别主要有以下五个方面。

① 节点发电功率的调整方法发生了改变。改进前的模型中,节点发电功率由发电接入合同规定的输电接入容量(transmission entry capacity,TEC)决定,节点负荷功率由历史峰荷情况决定。这样得到的系统的总发电功率和总负荷可能不平衡,因此改进前的模型将所有的发电机的 TEC 按比例统一调整,从而达到功率平衡。而在改进后的模型中,则是根据发电机的类型进行了两种调整因子的计算,并依据计算得到的调整因子修正发电机的 TEC 以达到功率平衡。两种调整因子分别基于两个系统状态:峰荷安全场景和全年场景。

② 系统基准状态的选取发生了改变。在峰荷安全场景和全年场景下分别计算线路潮流,对每条线路取这两种场景下潮流较大的状态作为输电定价中分摊的基准状态。

③ 平衡节点的选取发生了改变。在计算节点边际兆瓦公里时,改进前的模型采用的是选定参考节点进行系统功率平衡的方式,因此需要使用修正常数剔除参考节点的选取对区域输电费用计算结果的影响。改进后的模型使用分布式平衡节点进行功率平衡,输电过网费的计算结果不再受参考节点选取的影响,因此在改进后的模型中也取消了修正常数。

④ 分区计算方式发生了改变。在发电过网费分区中,引入了边界共享因子,以区分不同类型电源对输电投资的影响。

⑤ 发电机过网费计算方式发生了改变。为了反映不同类型电源对输电投资成本的不同影响,峰荷安全场景和全年场景下发电机过网费的计算分别加入了峰荷安全标志

与年度负荷因子。

改进后的 DCLF ICRP 模型的具体计算过程如下。

（1）调整节点发电功率。

改进版的 DCLF ICRP 模型基于峰荷安全场景和全年场景两种系统状态，两种场景的差别主要在于发电机的 TEC 调整因子存在差异。

发电机的 TEC 调整因子根据发电机类型可以分为固定的和可变的两种。在进行 TEC 调整时，首先对固定调整因子的发电机进行 TEC 调整，之后再根据剩余的功率平衡缺口确定一个统一的调整系数，对可变调整因子的发电机进行 TEC 调整以满足功率平衡。两种场景下各类机组的调整因子见表 4-6。

表 4-6　　　　　　　不同类型发电机在两种系统状态下的调整因子

发电类型	峰荷安全场景	全年场景
间歇性	固定（0%）	固定（70%）
核电	变动	固定（80%）
水电	变动	变动
抽水蓄能	变动	固定（50%）
调峰机组	变动	固定（0%）
其他（传统）	变动	变动
区域外电源	固定（0%）	固定（100%）

具体调整公式如下：

$$G_k^{f'} = \eta_f G_k^f \tag{4-27}$$

$$\eta_v = \sum_{k=1}^{n} D_k / (\sum_{k=1}^{n} G_k^v + G_k^f) - G_k^{f'} \tag{4-28}$$

$$C_k^{v'} = \eta_v G_k^v \tag{4-29}$$

式中：η_f 和 η_v 分别为固定调整因子和可变调整因子；G_k^f 和 $G_k^{f'}$ 分别为节点 k 具有固定调整因子的发电机在调整前后的 TEC；G_k^v 和 $C_k^{v'}$ 分别为节点 k 具有可变调整因子的发电机在调整前后的 TEC。

（2）计算节点边际兆瓦公里。

首先，对按上述方法调整得到的两个场景的系统状态分别进行直流潮流计算，得到每条支路在峰荷安全场景下潮流 $F_{ij,\text{PS}}$ 和全年场景下的潮流 $F_{ij,\text{YR}}$，支路 ij 的支路

峰值状态 S_{ij} 定义为支路潮流较大的状态，如下式所示。

$$S_{ij} = \begin{cases} \text{PS} & F_{ij,\text{PS}} \geq F_{ij,\text{YR}} \\ \text{YR} & F_{ij,\text{PS}} < F_{ij,\text{YR}} \end{cases} \quad (4-30)$$

式中：PS 代表峰荷安全场景；YR 代表全年场景。

其次，分别计算两种系统状态下的基本兆瓦公里 $C_{\text{MWkm, PS}}$ 和 $C_{\text{MWkm, YR}}$。

$$C_{\text{MWkm,PS}} = \sum_{S_{ij}=\text{PS}} F_{ij,S_{ij}} \times l_{ij} \quad (4-31)$$

$$C_{\text{MWkm,YR}} = \sum_{S_{ij}=\text{YR}} F_{ij,S_{ij}} \times l_{ij} \quad (4-32)$$

式中：l_{ij} 表示支路 ij 的长度；$C_{\text{MWkm,PS}}$ 表示支路峰值状态为峰荷安全场景的所有支路，其潮流与对应的线路长度乘积之和；$C_{\text{MWkm, YR}}$ 表示支路峰值状态为全年场景的所有支路，其潮流与对应的线路长度乘积之和。

然后，采用分布式平衡节点方法，计算节点 k 增加单位发电功率后的兆瓦公里 $C_{\text{MWkm,PS}}$ 和 $C_{\text{MWkm,YR}}$。节点 k 增加单位发电功率后，系统内所有节点的负荷均按该节点负荷占总负荷的比例增长，以满足功率平衡。此后，按照计算基本兆瓦公里的方法重新计算，得到节点 k 的兆瓦公里 $C_{\text{MWkm,PS}}$ 和 $C_{\text{MWkm,YR}}$。

最后，计算节点 k 的峰荷安全边际兆瓦公里 $m_{k,\text{PS}}$ 和全年边际兆瓦公里 $m_{k,\text{YR}}$。

$$m_{k,\text{PS}} = C^k_{\text{MWkm,PS}} - C_{\text{MWkm,PS}} \quad (4-33)$$

$$m_{k,\text{YR}} = C^k_{\text{MWkw,YR}} - C_{\text{MWkm,YR}} \quad (4-34)$$

（3）计算区域边际兆瓦公里。

区域边际兆瓦公里为区内所有节点的边际兆瓦公里的加权平均值。利用节点边际兆瓦公里，通过式（2-5）和式（2-6）计算，可分别得到两种状态下的发电区域 j 和负荷区域 k 的区域边际兆瓦公里，即发电区域的峰荷安全边际兆瓦公里 $m_{Gj,\text{PS}}$ 和全年边际兆瓦公里，以及负荷区域 k 的峰荷安全边际兆瓦公里 $m_{Dk,\text{ps}}$ 和全年边际兆瓦公里 $m_{Dk,\text{YR}}$。

为区分不同类型电源对输电投资的影响，进一步将发电区域 j 的全年区域边际兆瓦公里 $m_{Gj,\text{YR}}$ 分解成共享与非共享全年区域边际兆瓦公里。共享与非共享的比例是基于两个因素确定的，即基于连通性计算的相邻发电区域边际兆瓦公里的差值，以及发电区域内低碳电源与其他电源的比例。

设定共享与非共享全年区域边际兆瓦公里比例为 α_j，即边界共享因子，得到共享区域边际兆瓦公里 $m_{Gj,\text{YRS}}$ 与非共享区域边际兆瓦公里 $m_{Gj,\text{YRNS}}$

$$m_{Gj,\text{YRS}} = \alpha_j m_{Gj,\text{YR}} \quad (4-35)$$

$$m_{Gj,\text{YRNS}} = (1-\alpha_j)m_{Gj,\text{YR}} \tag{4-36}$$

式中：$m_{Gj,\text{YR}}$ 为第 j 个发电区域的区域边际兆瓦公里。

（4）确定峰荷安全标志。

峰荷安全场景下，发电机缴纳的主网费用需要乘以一个峰荷安全标志。峰荷安全标志表示在系统峰荷情景下发电机增加单位发电功率对输电网络投资的影响程度。间歇性发电机组的峰荷安全标志为 0，其余发电机组峰荷安全标志为 1。这一处理即表示系统峰荷情景下的系统安全不依赖间歇性发电。

$$F_{\text{PS}} = \begin{cases} 0 & \text{间接性发电} \\ 1 & \text{其他发电} \end{cases} \tag{4-37}$$

（5）确定年度负荷因子（annual load factor，ALF）。

使用相关发电机的 TEC 和相关数据计算每个发电厂的年度负荷因子。对于收费年份 t，发电厂的年度负荷因子是根据前五个收费年的数据得到的，每个收费年 ALF 的计算为

$$\text{ALF} = \frac{\sum_{p=1}^{17520} W_p}{\sum_{p=1}^{17520} \text{TEC}_p \times 0.5} \tag{4-38}$$

式中：W_p 为一个结算周期内（半小时为一个结算周期）的实际发电量；TEC_p 为可用于该发电厂结算周期的 TEC。

得到前五个收费年中每年的 ALF 后，去掉最高值和最低值，取剩下三个的平均值得到该发电厂的 ALF。对于新的发电厂或新兴发电技术，因其数据不足以计算 ALF，故采用通用发电技术类型的数据计算通用年度负荷因子（Generic ALF）。英国国家电网公司会对通用年度负荷因子的类别进行审查、更新，并且位置区域的差异性也会运用到通用年度负荷因子的类别中。

6. 计算区域主网费用

在计算得到区域边际兆瓦公里后，需要将其乘以系统扩建系数 E 和安全因数 S，并依据区域内发电量或负荷需求得到发电机和负荷缴纳的区域主网费用。

$$T_{G,\text{PS}} = \sum_{j=1}^{n} m_{Gj,\text{PS}} \times ESG_{Gj} F_{\text{PS}} \tag{4-39}$$

$$T_{G,\text{YR}} = T_{G,\text{YRS}} + T_{G,\text{YRNS}} = \sum_{j=1}^{n} m_{Gj,\text{YRS}} \times ESC_{Gj} \text{ALF} + \sum_{j=1}^{n} m_{Gj,\text{YRNS}} \times ESD_{Dj} \tag{4-40}$$

$$T_{D,\text{PS}} = \sum_{k=1}^{n} m_{Dk,\text{PS}} \times ESD_{Dk} \tag{4-41}$$

$$T_{\mathrm{D,YR}} = \sum_{k=1}^{n} m_{\mathrm{D}k,\mathrm{YR}} \times ESD_{\mathrm{D}k} \tag{4-42}$$

式中：$T_{\mathrm{G,PS}}$、$T_{\mathrm{G,YR}}$ 分别为发电机在峰荷安全场景、全年场景下的主网费用；$T_{\mathrm{D,PS}}$ 和 $T_{\mathrm{D,YR}}$ 分别为负荷在峰荷安全场景、全年场景下的主网费用；$m_{\mathrm{G}j,\mathrm{PS}}$、$m_{\mathrm{G}j,\mathrm{YRS}}$ 和 $m_{\mathrm{G}j,\mathrm{YRNS}}$ 分别为第 j 个发电区域的峰荷安全区域边际兆瓦公里、共享与非共享全年区域边际兆瓦公里；$m_{\mathrm{D}k,\mathrm{PS}}$ 和 $m_{\mathrm{D}k,\mathrm{YR}}$ 分别为第 k 个负荷区域的峰荷安全区域边际兆瓦公里和全年区域边际兆瓦公里；$G_{\mathrm{G}j}$ 为第 j 个发电区域的预测出力大小，$D_{\mathrm{D}k}$ 为第 k 个负荷区域内的预测负荷大小。

发电机和负荷最终缴纳的主网费用 T_{G}、T_{D} 为峰荷安全场景和全年场景下的较大值。

$$\begin{aligned} T_{\mathrm{G}} &= \max\left(T_{\mathrm{G,YR}}, T_{\mathrm{G,PS}}\right) \\ T_{\mathrm{D}} &= \max\left(T_{\mathrm{D,YR}}, T_{\mathrm{D,PS}}\right) \end{aligned} \tag{4-43}$$

其余计算过程与步骤与改进前的一致。

三、配电电价

除苏格兰外，英国其他 13 家配电系统运营商皆采用统一的配电定价方法。英国配电定价方法按照配网的电压等级分为超高压配电定价方法（EHV distribution charging methodologies，EDCM）和一般配电定价法（the common distribution charging methodology，CDCM）。EDCM 方法适用于连接在 22kV 到 132kV 的超高压配网定价，是一种长期边际成本定价方法。CDCM 方法适用于连接在 22kV 以下的高压和低压配网用户，是一种综合成本法。2007 年以前，英国配电定价采用的是配电强化模型（distribution reinforcement model，DRM），即考虑了峰荷责任和负荷率的改进"邮票法"模型。2007 年后，英国配电系统运营商单独将超高压配网的定价模型改为目前的长期增量成本（long run Incremental cost pricing，LRICP）和前向定价法（Forward Cost Pricing，FCP）两种模型，该模型是在传统的 ICRP 模型基础上，考虑了长期成本投资与回收问题。

配网费用包括并网费和过网费两个部分。其中，某个用户专用资产的相关成本通过并网费单独回收，而公共资产的相关成本通过网费回收，并根据各用户的使用情况分摊。

配网的准许成本分为网络资产成本、输电出口费以及其他费用三类。其中，网络资产成本主要指各电压等级的电网投资成本；输电出口费对应配网公司向输电公司缴纳的输电费用，这部分费用也需要分摊给用户；其他成本包括直接运营成本、间接运营成本以及税金。其中，直接运营成本指与配电网运营直接相关的成本，如配网检查维护费、伐木费等；间接运营成本指与配网网络运行不直接相关的成本，如宣传费用等；税金指配网公司需缴纳的税费。此外，用户不仅要承担接入电压等级配网的输配电服务费用，同时也要分摊高于该电压等级配网的部分输配电服务费用。

1. 超高压配电定价

（1）费用分摊。

英国 EDCM 中需要核算的成本包括网络资产成本、输电出口费和其他费用三大类。EDCM 模型中，FCP 和 LRIC 两种方法的主要区别在于支路边际成本的计算方法不同。其中，FCP 是基于"微分"的思想计算支路边际成本，应用于英国 6 家配电公司，而 LRIC 是基于"差分"的思想计算支路边际成本，应用于其余 8 家。

（2）相关问题的处理。

超高压配电定价中不考虑无功功率的处理，对引起反向潮流的用户给予奖励。剩余费用根据系统峰荷下各用户负荷状态进行分摊，具体公式如下：

$$N_i = N_{\text{total}} \frac{P_i}{P_p} \quad (4-44)$$

式中：N_i 为用户 i 分摊的剩余费用；N_{total} 为超高压配电网总剩余费用；P_p 为系统峰荷；P_i 为系统峰荷状态下用户 i 的负荷。

（3）价格形成。

英国超高压配电定价将得到的长期边际成本作为超高压电网的本级电网网络资产成本，再通过以下公式转换为超高压电网的电量电价和容量电价。

$$U_i = \sum_{i+1}^{N} P_n \frac{|A_n|}{\sqrt{A_n^2 + R_n^2} H} \quad (4-45)$$

式中：U_i 为 i 电压等级电网的电量电价，£/(kW·h)；P_n 为 n 电压等级计算得到的资产成本，$n \in [i+1, N]$；A_n 为 n 等级峰荷状态下 i 电压等级电网的有功功率；R_n 为 n 电压等级系统峰荷状态下 i 电压等级电网的无功功率；H 为电网公司规定的峰荷时间段。

$$C_i = \frac{P_i}{D} \quad (4-46)$$

式中：C_i 为 i 电压等级电网的容量电价，£/(kVA·day)；P_i 为 i 电压等级电网的网络资产成本；D 为费用分摊年的总天数。

在英国超高压配电定价中，i 电压等级用户不仅要支付所接入电压等级电网的容

第四章 世界典型国家的输配电价

量电费，还需要承担高于其所接入等级电网的所有等级的电量电费。

另外，超高压配电网的其他费用，需基于系统峰荷分摊至本等级用户及连接至本等级电网的所有用户。

$$O_I = \frac{O_{aI}}{L_{sI}} \quad (4-47)$$

式中：O_I 为 I 电压等级配网的年单位容量其他费用，£/(kW·year)；O_{aI} 为 I 电压等级配网年其他费用，£/year；L_{sI} 为 I 电压等级配网的系统峰荷，kW。

2. 高压和低压配电定价

英国高压和低压配电定价包括以下几个步骤：

1）分电压等级归集准许收入，包括网络资产成本和其他费用；

2）根据系统峰荷计算各电压等级年单位容量费用；

3）根据用户相关用电参数将单位容量费用折算为电量电费；

4）将可以计算出用户负荷信息的实时用户的部分电量电费转变为固定电费和容量电费；

5）根据预测负荷和上述电费水平计算预期总配电收入，并修正电费水平使预期总配电收入与准许收入相等。

英国高压和低压配电定价采用颜色电价收费。按照使用时间段分为 UR1、UR2 和 UR3，按不同时段的用电量收取。CDCM 定价流程图如图 4-7 所示。

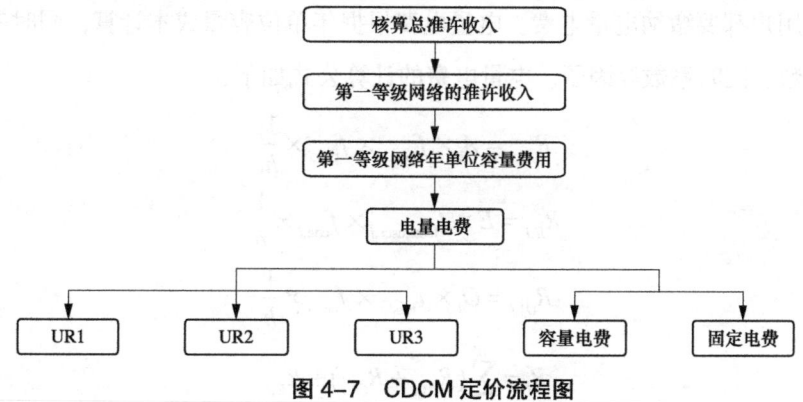

图 4-7 CDCM 定价流程图

（1）费用分摊。

英国高压和低压配电定价的基本思路是根据用户对全年系统峰荷的影响进行准许收入对应的输配电服务费用分摊。

1）费用分摊至各年。假设高压和低压配网资产成本为 A_{aa}，摊销时间为 n 年，年

回报率是 $b\%$，则分摊到每年的网络资产成本如下：

$$A_{a} = A_{aa} \times \frac{b\%(1+b\%)^n}{(1+b\%)^n - 1} \quad (4-48)$$

2015 年 6 月，英国最新规定配网资产的摊销时间是 40 年，年回报率是 5.6%。

2）归集成本至各电压等级。网络资产成本可以直接归集至各电压等级，而其他费用需按电压等级分摊。

$$O_{aI} = O_a \times \frac{A_{nI}}{A_T} \quad (4-49)$$

式中：A_{nI} 为 I 电压等级配网资产预测值，£；A_T 为总配网资产预测值，£；O_a 为每年配网其他成本的预测值，£/year；O_{aI} 为分配到 I 等级配网的年其他成本，£/year。

3）年单位容量费用的计算。网络资产成本、输电出口费和大部分的其他费用都根据系统峰荷计算单位容量费用，具体公式如下：

$$A_1 = \frac{A_{a1}}{L_{s1}}, E = \frac{E_a}{L_{s,\text{exit}}}, o_1 = \frac{o_{a1}}{L_{s1}} \quad (4-50)$$

式中：A_{a1} 和 O_{a1} 分别为 1 电压等级配网年网络资产成本和年其他费用，单位均为 £/year；E_a 是总的年输电出口费，£/year；L_{s1} 为 1 电压等级配网的系统峰荷，kW；$L_{s,\text{exit}}$ 为输电网接入口的系统峰荷，kW；A_1 和 o_1 分别为 1 电压等级配网的年单位容量网络资产成本和年单位容量其他费用，单位均为 £/(kW·year)；E 为整个配网的年单位容量输电出口费，£/(kW·year)。

所有用户都要缴纳电量电费。电量电费根据年单位容量成本计算，同时考虑用户的网损系数、同时系数等因子。电量电费的计算公式如下：

$$R_{A1,i} = A_1 \times f_{\text{loss1},t} \times f_{\text{coe},i} \times \frac{1}{h} \quad (4-51)$$

$$R_{E,i} = E \times f_{\text{loss1,user},i} \times f_{\text{coe},i} \times \frac{1}{h} \quad (4-52)$$

$$R_{O1,i} = O_1 \times f_{\text{loss1},t} \times f_{\text{coe},i} \times \frac{1}{h} \quad (4-53)$$

$$R_i = \sum_{I}^{All}(R_{A1,t} + R_{O1,i}) + R_{E,i} \quad (4-54)$$

式中：$R_{A1,i}$ 和 $R_{O1,i}$ 分别为用户 i 来源于 1 等级配网公共资产成本和其他费用的基本电费价格，£/(kW·h)；$R_{E,i}$ 为用户 i 来源于输电出口费的基本电费价格，£/(kW·h)；R_i 为用户 i 总的基本电费价格，£/(kW·h)；$f_{\text{loss1},i}$ 为用户 i 在 1 等级配网的网损系数；$f_{\text{coe},i}$ 为一个反映第 i 类用户的负荷与系统峰荷一致性的特性系数；h 为一年的小时数。

系数 $f_{\text{loss1},i}$ 和 $f_{\text{coe},i}$ 的计算公式如下：

$$f_{\text{co},t} = \frac{L_{s,i}}{L_{\text{max},i}} \tag{4-55}$$

$$f_{\text{load},t} = \frac{L_{a,i}}{L_{\text{max},i}} \tag{4-56}$$

$$f_{\text{coe},t} = \frac{f_{\text{co},i}}{f_{\text{load},i}} = \frac{L_{s,i}}{L_{a,i}} \tag{4-57}$$

$$f_{\text{loss1},i} = \frac{f_{\text{loss,user},i}}{f_{\text{loss1,net}}} \tag{4-58}$$

式中：$f_{\text{load},i}$ 为第 i 类用户的负荷率；$L_{a,i}$ 为第 i 类用户的年平均负荷；$L_{\text{max},i}$ 为第 i 类用户的年最大负荷；$L_{s,i}$ 为第 i 类用户的在系统峰荷时的负荷值；$f_{\text{loss,user},i}$ 为反映用户实际接入的电压等级网络的网损系数；$f_{\text{loss1,net}}$ 为反映 1 电压等级网络的网损系数。

以上与用户相关的参数通过对监管部门指定的能量系统中记录的近三年相关数据估计值取算术平均值得到。

英国配电定价中，用常设费用（standing charge，SC）表示用户承担的配电费用中转化成固定电费和容量电费的部分，系数 FSC 来表示配电电费中通过固定电费和容量电费收取的比例。SC 费用的计算公式如下：

$$S_{A1,i} = F_{\text{SC1},i} \times A_1 \times f_{\text{loss1},i} \times c \times f_p \times f_d \times \frac{1}{d} \tag{4-59}$$

$$S_{O1,i} = F_{\text{SC1},i} \times o_1 \times f_{\text{loss1},i} \times f_p \times f_d \times \frac{1}{d} \tag{4-60}$$

$$S_{E,i} = F_{\text{SC1},i} \times o_1 \times f_{\text{loss1},i} \times f_p \times f_d \times \frac{1}{d} \tag{4-61}$$

$$f_d = \frac{L_{s,i}}{L_{m,i}} \tag{4-62}$$

$$S_i = \sum_{l}^{All}(S_{A1,i} + S_{O1,i}) + S_{E,i} \tag{4-63}$$

式中：$S_{A1,i}$ 和 $S_{O1,i}$ 分别为第 i 类用户来源于 1 等级配网公共资产成本和其他费用的 SC 费用，£/（kVA·day）；$S_{E,i}$ 为第 i 类用户来源于输电出口费的 SC 费用，£/（kVA·day）；$F_{\text{SC1},i}$ 为 i 类用户在 1 等级配网的 SC 系数；c 为网络资产成本折旧到当年剩余资产价值占网络资产成本总价值的比例；f_p 是网络模型设定的功率因数，取 0.95；d 是一年的天数；f_d 为差异系数（diversity factor），用第 i 类用户的在系统峰荷时的负荷值 $L_{s,i}$ 与第 i 类用户最大负荷需求（Maximum Demand Load，MDL）$L_{m,i}$ 之比，反映二者之间的差异。对实时用户，MDL 为协议接入容量（在与电网公司签订的协议中规定），对非实时用户，MDL 根据该类用户历史用电情况估算。

（2）价格形成。配电价格采用多部制电价方法，其收费组成包括固定电费（fixed charge，FC）、容量电费（capacity charge，CC）、电量电费（unit rates，UR）和无功电费（reactive power charge，RPC）部分。实时用户的配电价格中包括全部四个部分，非实时用户的配电价格中仅包含固定电费和电量电费。

根据用户类型的不同，将 SC 费用分配为固定电费或容量电费，有以下三种方式。

1）对实时用户，包括低压实时用户和高压实时用户等，SC 费用全部分配为容量电费。

2）对小型低压非实时用户，如 Domestic Unrestricted、LV Network Domestic 等类型用户，先根据往年数据估计所有这些用户对系统峰荷的总的影响，将计算所得的 SC 费用按用户数目分摊，形成固定费用。

3）其他用户也通过固定费用收取 SC 费用，但对每类用户的价格按该类型用户对系统峰荷的影响确定。基于 SC 费用分摊到固定电费的原理，固定电费的计算公式如下：

$$FC_i = S_i \times L_{\max,\text{per},i} \tag{4-64}$$

式中：FC_i 为向第 i 类用户收取的固定电费，£/（MPAN·day）；$L_{\max,\text{per},i}$ 为每个 i 类用户的平均年最大负荷的预测值，kVA/MPAN。MPAN（meter point administration number）代指每个用户测量节点。

根据用户类型的不同将部分 SC 费用分配给固定电费和容量电费后，需将剩余的 SC 费用纳入电量电费，因此需对原电量电费进行相应调整。

如前所述，英国配电定价采用颜色电价收费。按照使用时间段分为 UR1、UR2 和 UR3。对非实时用户，采取峰电价 UR1、谷电价 UR2；对实时用户，采取峰电价 UR1、平电价 UR2 和谷电价 UR3。根据每个时间段出现峰荷的概率以及每个网络等级出现峰荷的概率，调整系数 $f_{\text{coe},i}$ 分别得到 UR1、UR2 和 UR3 对应的系数 $f_{\text{coel1},i}$、$f_{\text{coel2},i}$、$f_{\text{coel3},i}$，用系数 $f_{\text{coel1},i}$、$f_{\text{coel2},i}$、$f_{\text{coel3},i}$ 替代式（4-51）~式（4-53）中的系数 $f_{\text{coe},i}$，同时需要去除抽取到的固定电费和容量电费部分，便可得到 UR1、UR2 和 UR3。

英国电网通过采用无功电费的形式考核所有用户的功率因数，并在用户侧安装无功补偿装置，使无功就地平衡，同时电网的无功补偿多在高电压等级实施，配电网不需要采用无功补偿来改善功率因数，输配电公司之间的无功要求采用合同形式进行约定。英国政府赋予配电运营商收取无功功率费用的权力，但是要求运营商从回收成本的角度制定合理的收费标准，不同运营商对无功功率收费标准都有所不同，且标准也都在不断变化。若配电运营商希望修改其无功收费标准，则需向 OFGEM 提出修改申请。配电运营商通过对低于功率因数标准值的无功部分收取无功电费达到促使用户提高功率因数，减少从配电网中吸收或倒送无功功率的目的。收费功率因数标准值的计算公式如下：

$$C_{RP} = \max[\max(P_1 - P_E) - (\sqrt{\frac{1}{0.95^2} - 1} \times A_1), O] \quad （4-65）$$

式中：P_1 为用户从配电网吸收的无功功率；P_E 为用户向配电网倒送的无功功率；A_1 为用户消耗电量。英国配电运营商规定的功率因数标准值一般为 0.74、0.90 和 0.95。

四、输配电费结算

1. 输电费用结算

输电费用由英国国家电网公司按年向发电机及配电公司收取，向配电公司收取的输电费用与配电费用一起传导至终端用户，终端用户按月缴纳电费，电费账单中不再区分输电费用和配电费用。

2. 配电费用结算

各配电公司自行定价向用户收取配电费用。以英国配电网供应商 RWE 能源公司为例，从其 2018 年年报来看，用户的电费账单涵盖了直接能源费用、直接费用和间接费用。其中，直接费用包括输电出口费、环境和社会义务成本、其他直接费用。间接费用指运营成本，包括销售和营销成本、服务成本、计费和计量成本等。

英国 RWE 能源公司 2018 年电费情况如表 4-7 所示。

表 4-7　　英国 RWE 能源公司 2018 年电费情况

	费用类型	居民用户费用/（£·m）	非居民用户费用/（£·m）
	总运营成本	1487	3425
	直接能源费用	507	1486
直接费用	总和	700	1737
	输电出口费	357	829
	环境和社会义务成本	320	856
	其他直接费用	23	52
	间接费用	280	202

本节小结

英国输电服务与配电服务分开定价。输电费用由输电公司向配电公司收取，各配电公司自行定价向用户收取输配电费用。

输电费用分为并网费、过网费和平衡费。其中，并网费向负荷侧收取；过网费分为与位置有关的费用和与位置无关的费用，采用基于直流潮流的投资成本定价方法（DCLFICRP）进行。其中，与位置有关的费用进一步分为主网费用和专网费用，主网费用按照基于节点的兆瓦公里法分摊，专网费用向发电机收取。与位置无关的费用采用邮票法在全网进行平摊。

配电费用分为并网费和过网费两种。配电定价分为超高压配电定价以及高压和低压配电定价。其中超高压配电定价采用 EDCM 模型，包括 LRIC 方法和 FCP 方法。两种方法都是基于长期边际成本的定价方法，仅区别于计算边际成本时分别采用了"差分"和"微分"的思想。高压和低压配电定价采用 CDCM 模型，该模型特点是按类型和电压等级进行归集成本，并通过邮票法按对系统峰荷的影响分摊费用。

参考文献

[1] 文安，刘年，黄维芳，等．英国电力市场的价格机制分析 [J]．南方电网技术，2015，9(1):1-6.DOI:10.13648/j.cnki.issn1674-0629.2015.01.001.

[2] 白玫．新一轮电力体制改革的目标、难点和路径选择 [J]．价格理论与实践，2014(7):10-15.DOI:10.19851/j.cnki.cn11-1010/f.2014.07.003.

[3] 赵新刚，冯天天，杨益晟．可再生能源配额制对我国电源结构的影响机理及效果研究 [J]．电网技术，2014,38(4):974-979.DOI:10.13335/j.1000-3673.pst.2014.04.023.

[4] 张华祥．中国电力行业价格形成机制与改革模式研究 [D]．复旦大学，2014.

[5] 蒋文军．中国煤电价格冲突及其调控研究 [D]．武汉理工大学，2013.

[6] 刘文君，张莉芳．绿色证书交易市场、碳排放权交易市场对电力市场影响机理研究 [J]．生态经济，2021，37(10):21-31.

[7] 刘自敏，朱朋虎，杨丹，等．交叉补贴、工业电力降费与碳价格机制设计 [J]．经济学（季刊），2020，19(2):709-730.DOI:10.13821/j.cnki.ceq.2020.01.15.

[8] 李鹏，马溪原，郭祚刚，等．基于双层优化的综合能源服务商博弈策略 [J]．电网技术，2021，45(2):460-473.DOI:10.13335/j.1000-3673.pst.2020.1013.

[9] 王楠．我国碳排放权价格对电力企业公司价值影响研究 [D]．西安科技大学，2020.DOI:10.27397/d.cnki.gxaku.2020.000270.

[10] 徐广达，张利，梁军，等．基于设备用电特征的居民电力需求价格弹性评估 [J]．电力系统自动化，2020，44(13):48-55.

[11] 陆信辉．能源互联网环境下考虑供需不确定性的微网负荷优化调度研究 [D]．合肥工业大学，2020.DOI:10.27101/d.cnki.ghfgu.2020.000038.

[12] 徐任超，阎威武，王国良，等．基于周期性建模的时间序列预测方法及电价预测研究 [J]．自动化学报，2020，46(6):1136-1144.DOI:10.16383/j.aas.c180712.

[13] 王学俭，石岩．新时代课程思政的内涵、特点、难点及应对策略 [J]．新疆师范大学学报（哲学社会科学版），2020，41(2):50-58.DOI:10.14100/j.cnki.65-1039/g4.20191125.001.

[14] 丛昊，王旭，蒋传文．电力-天然气异步市场环境下的综合能源系统优化运行策略 [J]．电网技术，2019，43(9):3110-3120.DOI:10.13335/j.1000-3673.pst.2019.1114.

[15] 施子海，侯守礼，支玉强．美国电价形成机制和输配电价监管制度及启示 [J]．

价格理论与实践，2016(7):25-27.DOI:10.19851/j.cnki.cn11-1010/f.2016.07.006.

[16] 陆雯. 电力体制改革背景下的电价形成机制研究 [D]. 华北电力大学（北京），2016.

[17] 刘小溪. 德国电力市场化改革成效：市场、价格与监管 [J]. 价格理论与实践，2015(10):68-71.DOI:10.19851/j.cnki.cn11-1010/f.2015.10.025.

[18] 刘满平. 新电改方案的核心、着力点及影响 [J]. 宏观经济管理，2015(6):20-22.DOI:10.19709/j.cnki.11-3199/f.2015.06.007.

[19] 李晓彤. 跨区电力交易均衡优化模型及输电价格机制研究 [D]. 华北电力大学，2015.

[20] 杨婕. 基于实时电价的智能电网需求响应与能量调度策略研究 [D]. 天津大学，2014.

[21] 李赫然. 电力期货价格发现功能与电价形成机制的相关性研究——基于美国 PJM 电力市场的实践及对我国的启示 [J]. 价格理论与实践，2014(8):90-92.DOI:10.19851/j.cnki.cn11-1010/f.2014.08.031.

[22] 熊尚飞，邹小燕. 电力市场价格风险价值与波动预测研究综述 [J]. 电力系统保护与控制，2014，42(2):146-153.

[23] 许帅. 欧盟排放交易体制的碳价格影响因素分析 [D]. 暨南大学，2013.

[24] 曹俊. 面向需求响应的定价策略与用电设备随机调度算法研究 [D]. 上海交通大学，2013.

[25] 付东. 中国煤电产业链协调性评价及制度安排研究 [D]. 中国地质大学，2012.

[26] 范进. 基于个人碳交易行为模型的电力消费选择研究 [D]. 中国科学技术大学，2012.

[27] 亢娅丽. 电力市场环境下供电公司的购电风险分析 [D]. 重庆大学，2012.

[28] 柴建，郭菊娥，汪寿阳. 能源价格变动对中国节能降耗的影响效应 [J]. 中国人口·资源与环境，2012，22(2):33-40.

[29] 曾勇. 基于智能电网的实时电价研究 [D]. 重庆大学，2011.

[30] 于左，孔宪丽. 政策冲突视角下中国煤电紧张关系形成机理 [J]. 中国工业经济，2010(4):46-57.DOI:10.19581/j.cnki.ciejournal.2010.04.005.

[31] 裴小妮. 风电价格政策分析及其评价 [D]. 长沙理工大学，2010.

[32] 黄献松. 寡头垄断下电力歧视定价决策均衡模型及应用研究 [D]. 南京理工大

学，2010.

[33] 孙启星，张超，李成仁，等."碳达峰、碳中和"目标下的电力系统成本及价格水平预测 [J]. 中国电力，2023，56(1):9-16.

[34] 李品，谢晓敏，黄震. 德国能源转型进程及对中国的启示 [J]. 气候变化研究进展，2023，19(1):116-126.

[35] 许光建，马祎明."双碳"目标下电力价格机制改革研究 [J]. 价格理论与实践，2022(2):20-25+68.DOI:10.19851/j.cnki.cn11-1010/f.2022.02.067.

[36] 施青，许蔓，孙晓奇. 能源价格波动对我国一般价格水平及其变化趋势的影响——基于投入产出价格影响模型 [J]. 世界经济文汇，2021(2):54-70.

[37] 朱丽洁. 中国碳交易价格与电力价格相关性研究 [J]. 中国林业经济，2021(2):52-55.DOI:10.13691/j.cnki.cn23-1539/f.2021.02.013.